国家自然科学基金青年科学基金项目（72102035）

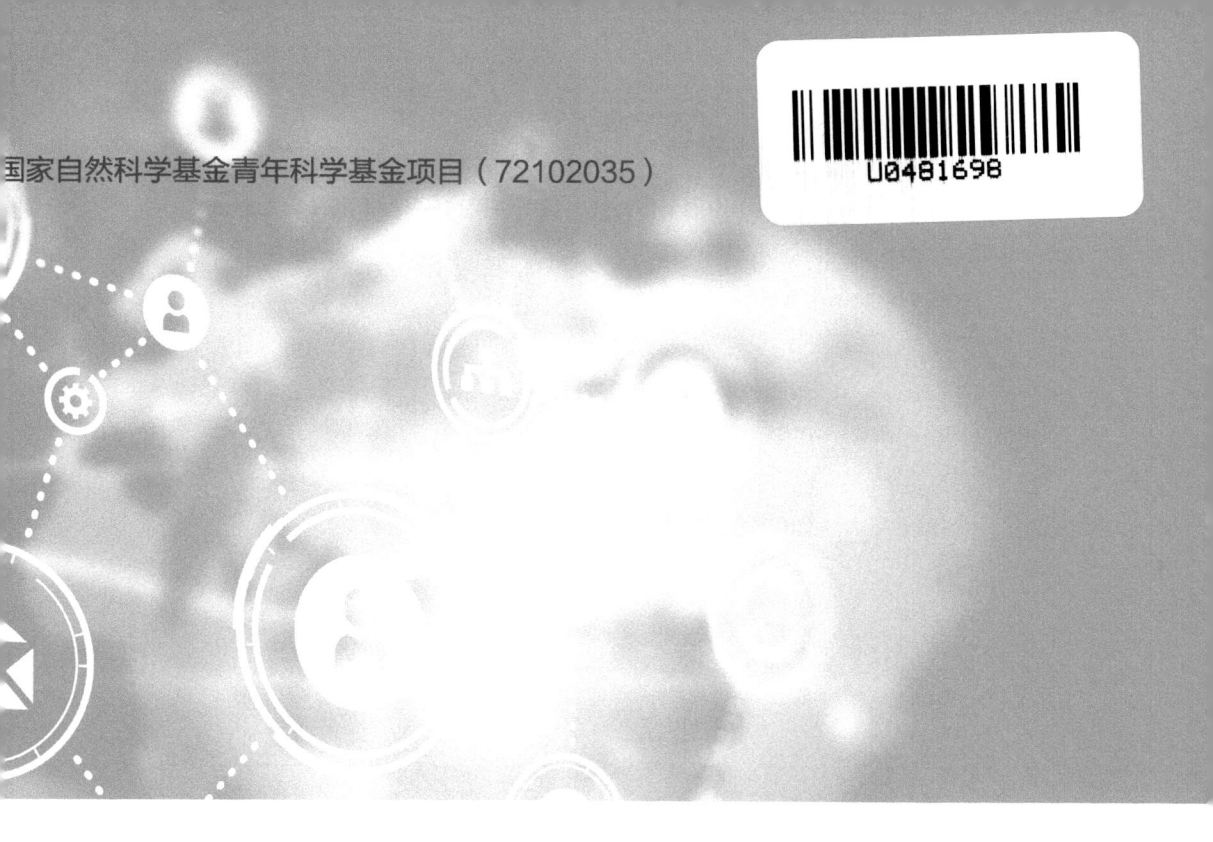

社会网络的重要性

基于中国上市公司连锁董事网络的实证研究

蒋雨思 著

企业管理出版社
ENTERPRISE MANAGEMENT PUBLISHING HOUSE

图书在版编目（CIP）数据

社会网络的重要性：基于中国上市公司连锁董事网络的实证研究 / 蒋雨思著. —北京：企业管理出版社，2023.12

ISBN 978-7-5164-2959-4

Ⅰ.①社… Ⅱ.①蒋… Ⅲ.①上市公司—连锁企业—社会网络—研究—中国 Ⅳ.① F279.246

中国国家版本馆 CIP 数据核字（2023）第 186367 号

书　　名：	社会网络的重要性：基于中国上市公司连锁董事网络的实证研究
书　　号：	ISBN 978-7-5164-2959-4
作　　者：	蒋雨思
策　　划：	寇俊玲
责任编辑：	寇俊玲
出版发行：	企业管理出版社
经　　销：	新华书店
地　　址：	北京市海淀区紫竹院南路 17 号　　邮　编：100048
网　　址：	http://www.emph.cn　　电子信箱：1142937578@qq.com
电　　话：	编辑部（010）68701408　　发行部（010）68701816
印　　刷：	北京亿友创新科技发展有限公司
版　　次：	2023 年 12 月第 1 版
印　　次：	2023 年 12 月第 1 次印刷
开　　本：	710 毫米 ×1000 毫米　　1/16
印　　张：	13.25
字　　数：	195 千字
定　　价：	78.00 元

版权所有　翻印必究　·　印装有误　负责调换

前　言

当前，交通便利的提升和互联网技术的发展，加快了信息传播的速度，拉近了人与人之间的距离，从而使更大范围的合作和竞争成为可能。个人和企业都不可避免地嵌入交互影响的庞大的社会系统中，其决策和结果都受到其他个体的影响并同时影响其他个体。社会网络作为个体获取外部信息和知识的重要渠道，关乎个人的成长与成就、企业的生存与发展、产业生态的搭建与价值创造，以及社会的制度形成与稳定。而在全球化背景下，随着技术更迭的不断加快，企业越来越难以单枪匹马作战，竞争的维度从企业与企业之间扩展到供应链与供应链之间、联盟与联盟之间，甚至生态与生态之间。如何构建高效的社会网络并充分利用社会资本建立竞争优势成为企业发展所关注的热点。然而，日益变化的外部环境对企业社会网络的韧性提出了新的挑战。环境动荡成为常态，企业间合作网络的断链风险不断涌现。面对百年未有之大变局，企业合作的目标和方式将发生很大改变。现有网络研究主要强调资源获取的效率，提出企业通过在合作网络中占据优势位置，可以获取更多的信息和知识，从而提高企业创新和绩效水平，但较少关注社会网络的负面效应、网络伙伴的溢出效应，以及网络的韧性机制。

在新时代背景下，充分理解企业如何有效地构建和利用社会网络对于企业发展至关重要。社会网络究竟会在哪些领域产生影响？我们到底需要发展什么样的社会网络？本书作者针对现有社会网络研究的局限，开展了基于我国上市公司连锁董事网络的一系列实证研究，尝试对社会网络理论和文献进行补充，对我国企业合作实践进行指导。基于我国上市公司的公开数据，作者将社会网络理论与其他重要组织理论（组织学习理论、角色理论、高阶理论等）进行整合，实证检验了社会网络对企业有效学习的抑制效应、网络伙伴的社会网络的溢出效应、网络位置和行为的匹配传播效应以及不同类型的社会关系对企业行为和结果的差异化影响。通过这一系列研究，本书从网络的视角深入解释企业行为，丰富了对社会网络作用机制的理解。

本书的出版受到国家自然科学基金青年科学基金项目（项目编号：72102035）支持。本书适合于大专院校管理类高年级本科生和研究生阅读，也适合于对社会网络相关的研究问题感兴趣的学者和实践工作者。

恳请各位读者不吝指正。

蒋雨思

2023 年 5 月

目 录

1 绪论 / 1
   1.1 研究背景 / 2
   1.2 研究问题 / 6

2 连锁董事网络中的"搭便车"行为：网络伙伴创新的外部性 / 9
   2.1 研究简介 / 10
   2.2 理论与假设 / 12
   2.3 方法 / 17
   2.4 结果 / 19
   2.5 结论与启示 / 24

3 网络伙伴的中心度多样性与企业创新绩效 / 27
   3.1 研究简介 / 28
   3.2 理论与假设 / 30
   3.3 方法 / 36
   3.4 结果 / 41
   3.5 结论与启示 / 51

4 连锁董事网络中的财务违规传染：网络地位的情境作用 / 55

4.1 研究简介 / 56

4.2 理论与假设 / 57

4.3 方法 / 62

4.4 结果 / 64

4.5 结论与启示 / 75

5 又陷入同样的困境？ 网络嵌入视角下的企业失败再犯 / 78

5.1 研究简介 / 79

5.2 理论与假设 / 81

5.3 方法 / 87

5.4 结果 / 90

5.5 结论与启示 / 101

6 首席执行官童年创伤、社会网络与战略风险承担 / 104

6.1 研究简介 / 105

6.2 理论与假设 / 108

6.3 方法 / 118

6.4 结果 / 123

6.5 结论与启示 / 151

7 总结 / 155

参考文献 / 158

1
绪 论

1.1 研究背景

新技术的快速更迭提高了企业进行独立研发的成本和风险，同时也降低了地理位置对企业间交流的阻碍。单一企业往往无法拥有生存和维持竞争优势所需的全部资源，需要与供应商、客户、合作伙伴和竞争者等利益相关者建立广泛的联系，从而不可避免地嵌入相互关联的社会网络中。

在企业层面，社会网络被定义为企业间相互交流或合作所构成的社会关系系统，是企业获取知识和信息的主要来源。企业间网络通过传递信息和资源，减少不必要的搜索成本，促进共同问题的解决，从而促进企业之间的知识交换和学习（Ahuja et al.，2008）。社会网络对企业行为和绩效的影响受到了学界的高度关注。例如，企业在网络中的结构嵌入是获取、吸收和利用关键资源的一个重要决定因素。中心度和结构洞是社会网络研究中的两个重要结构嵌入特征，衡量节点在网络中的位置。中心度用来描述节点在多大程度上位于网络的中心（Srinivasan et al.，2018）。结构洞是指社会网络中的空隙，当网络中的节点之间缺少直接的联系，在这两个节点之间就存在一个结构洞（Burt，1992）。通过占据结构洞的位置，个体行动者在他们所参加的两个群体之间起到架桥的作用。以这两种关键的网络位置为例，现有研究主要从优势和劣势对其作用机制进行探讨，优势主要体现在信息和控制两个方面，劣势主要体现在信息过载、关系成本和机会主义三个方面。

（1）信息优势体现了社会网络的管道功能，即社会网络关系是信息、知识和资源流动的渠道（Podolny，2001）。拥有异质性网络关系是企业形成竞争优势的重要来源。大量研究发现，处于网络中心位置的企业可以及时接触更多的信息和资源，对企业创新能力和绩效具有显著的积极影响（Owen-Smith and Powell，2004；Powell，Koput，and Smith-Doerr，1996）。占据网络结构洞位置的企业通过与不相连的企业联系，可以获取更多异质性的知识、信息和资源，进而提高企业的创新绩效（Ahuja，2000；钱锡红、杨永福、徐万里，2010）。

（2）控制优势体现在企业通过占据特定网络位置而获得对于网络资源的差异化的掌控能力。网络中心度和结构洞体现了两种不同的控制力。中心度代表了企业在网络中的地位和权力，有利于提升企业对资源的控制能力和创新决策被其他网络成员接受的程度（Gnyawali and Madhavan，2001）。占有结构洞的企业在网络中扮演中间人的角色，利用信息和资源的不对称获得控制优势（Afuah，2013；盛亚、范栋梁，2009）。

（3）信息过载表现为企业有限的吸收能力导致网络信息和资源无法被有效吸收并整合转化为新的技术、产品或服务等可见成果。Gilsing，Noteboom，Vanhaverbeke，Duysters 和 van den Oord（2008）、曾德明和文金艳（2015）等研究都发现随着中心位置带来的多样化知识增多，企业无法对其进行有效的吸收和整合，反而对企业创新产生不利影响。张晓黎和覃正（2013）、俞荣建，胡峰，陈力田和项丽瑶（2018）等研究发现结构洞可能会阻碍信息与知识的有效转移和整合以及对外部知识的吸收能力，从而抑制创新。

（4）网络关系的维系需要投入大量的时间和精力，特别是紧密关系的维系成本更高，导致成本超出收益的情况出现。例如，张娜和刘凤朝（2021）提出，企业网络中心度的增加会导致维持合作伙伴关系的人力和物力成本过高，抑制创新绩效。此外，过高的关系成本还会导致嵌入惰性。已有研究发现，为了维持自身的地位和声誉，占据关键位置的企业难以放弃已有的关系而建立新的联系，导致获取和创造新知识的意愿和机会降低，难以突破现有网络结构固化的知识体系，不利于企业创新（Yi, Knudsen and Becker, 2016；党兴华、魏龙、闫海，2016）。

（5）网络成员的机会主义行为难以避免，导致企业难以从网络中获取完整和准确的信息，降低了网络利用的效率。Ahuja（2000）、Phelps（2010）、章丹和胡祖光（2013）等研究都指出网络结构洞增加了机会主义行为的可能性，降低了企业间的信任程度，不利于企业从网络中获取资源进行创新。

考虑到不同的作用机制，关于网络位置对企业行为和结果的影响，也获得了不一致的结论。在此基础上，现有研究探索了网络机制的情境作用。

从网络嵌入的类型来看，根据社会网络中网络伙伴与焦点企业的距离，可以将其分为直接联系和间接联系（Kilduff and Brass, 2010）。直接联系（一阶社会资本，first-order social capital）是指网络伙伴与焦点企业直接相连，与焦点企业的距离最近，因此对于焦点企业的行为具有重要影响。虽然一阶网络结构的价值已经得到了很好的探索，但大多数研究主要集中在企业自身网络结构嵌入或者网络伙伴的特征和行为对焦点企业的影响（Owen-Smith and Powell, 2004；Phelps et al., 2012）。新兴研究开始强调网络的积极外部性，探究间接联系（伙伴的网络联系）的影响机制（Brass, 2009；Galunic, Ertug and Gargiulo, 2012）。一方面，由于维持直接联系存在高成本，企业能够建立的直接联系是有限的，在这种情况下，间接联系提供的资源和信息可以发挥重要作用（Burt, 2007）。另一方面，如果网络伙伴无法从其网络嵌入中获取资源，那么焦点企业的网络结构可能就无法提供有价值的资源（Lin, 2001）。因此，不仅企业自身的网络位置会影响企业的行为和绩效，伙伴的网络结构嵌入同样会产生重要价值（二阶社会资本，second-order social capital）。例如，Hirst 等（2015）发现间接联系的非冗余性具有重要价值。杨张博（2018）发现战略联盟网络中企业间接联系数量对技术创新质量有不利影响。Jiang等（2020）发现网络伙伴的中心度多样性可以帮助企业获取多样化的知识和思维方式，同时防范惰性和顺从的压力，对企业创新绩效有积极影响。但是，现有关于间接结构嵌入的研究仍然匮乏，局限于探究具有特定网络位置的伙伴或者伙伴的结构嵌入平均水平的影响，而关于网络伙伴结构嵌入的分布特征及其影响机制仍不清晰，形成理论空白。

从社会关系的性质来看，企业与不同类型的利益相关者存在联系。特别是，企业除了通过连锁董事网络与其他企业建立联系，也通过高管的政治关联与政府建立联系（Peng and Luo，2000）。企业嵌入在各种社会网络的同时也嵌入在更大的制度环境中，受到制度因素的影响。制度理论强调制度对组织的约束作用，对制度压力下组织为了获取合法性趋向同质化有很强的解释力（Meyer and Rowan，1977；DiMaggio and Powell，1983）。在制度环境相对薄弱的国家或地区，社会网络作为正式制度的替代，发挥着更加重要的作用。因此，企业高管的政治关联作为一种社会关系，对企业的决策和结果也有重要影响。但是，不同类型的社会网络，特别是精英网络和政治网络会对企业行为产生何种差异化影响，这一影响机制目前并不清晰。

从行为结果的类型来看，现有文献检验了社会网络对不同类型的创新的影响。例如，Fang，Lee，Palmatier和Han（2016）研究发现企业在网络中的中心位置起着"双刃剑"的作用，提高渐进新产品推出绩效，削弱激进新产品推出绩效。杨金玉和陈世强（2020）发现合作研发网络中心度对企业利用式创新的影响大于对探索式创新的影响，而合作研发网络结构洞对探索式创新的影响大于对利用式创新的影响。但是，社会网络的嵌入对于不同的企业，例如组织学习、企业创新、企业违规和绩效有何差异化的影响，目前的研究认识不清。

1.2 研究问题

企业及组成企业的个人都是嵌入在社会关系中的，其行为和行为结果都受到社会网络的影响。但是，现有关于社会网络的研究仍十分有限。根据现有的研究局限，本书围绕几个研究问题展开实证研究。

第1章提出社会网络中一定能进行有效的知识传递和学习吗？网络伙伴的社会关系会对焦点企业的知识获取产生什么影响？社会网络中的成员特征会对知识和行为的传递产生什么影响？不同类型的社会关系对知识和行为的传递有何差异化的影响？

第2章主要探讨连锁董事网络中伙伴创新对焦点企业创新倾向的影响。基于2008年至2017年中国上市公司的样本，该研究表明，与焦点企业创新水平不同的连锁伙伴对焦点企业创新倾向的影响不同。对于创新程度较高的合作伙伴，创新水平对焦点企业的创新倾向有U型影响。在伙伴创新能力较弱的情况下，创新水平有利于焦点企业的创新倾向。以往研究主要强调企业间网络通过单一学习效应促进企业创新，本章通过检验连锁企业学习过程中的"搭便车效应"，从网络视角拓展了对创新的研究。本章内容所包含的实证研究发表于 *Management Decision* 2023年第61卷第3期。原文题目为 *Falling in the same predicament again? A network embeddedness perspective of organizational failure recidivism in special treatment firms*。

第3章主要探讨二阶社会资本的价值，即合作伙伴的网络结构分布对焦点企业创新绩效的影响。基于2000—2016年中国上市制造企业的样本，该研究表明，连锁董事网络中伙伴企业的中心度多样性与焦点企业的创新绩效正相关。此外，焦点企业的知识广度削弱了这一正向效应，而焦点企业与其网络伙伴之间通过非独立董事建立联系的比例增强了这一正向效应。现有研究主要集中在焦点企业的网络结构如何影响企业创新，本研究通过考察合作伙伴的网络结构来探索二阶社会资本的价值，以更好地理解社会网络对企业创新的影响机制。本章内容所包含的实证研究发表于 *Industrial Marketing Management* 2020 年第 88 卷。原文题目为 *Partners' centrality diversity and firm innovation performance：Evidence from China*。

第 4 章主要探讨连锁公司之间的相对地位对财务违规行为传染的影响。基于 2005—2014 年中国上市公司的样本，该研究表明，在连锁董事网络中的地位影响特定行为的有效传播。具体来说，地位较低的网络伙伴不实施财务违规会抑制焦点企业的违规行为，而它们的违规行为对焦点企业没有影响。相比之下，地位较高的网络伙伴实施财务违规会促进焦点企业的违规行为，而它们不实施违规对焦点企业没有影响。本研究通过将公司地位差异视为董事会连锁中违规行为传染过程的重要因素，为违规行为传染文献提供了新的见解。本章内容所包含的实证研究发表于 *Management Decision* 2020 年第 55 卷第 22 期。原文题目为 *Financial fraud contagion through board interlocks：the contingency of status*。

第 5 章主要探讨社会网络如何影响企业重复陷入财务困境。基于经历过财务困境又恢复的我国上市公司样本，本研究表明，具有较高连锁董事网络中心度的企业不太可能再次陷入财务困境，而绩效不佳的连锁企业可以加强这一负向效应。相比之下，有政治关联的企业更有可能再次陷入财务困境，而这种影响在位于市场导向更强的地区的企业中减弱。结合组织学习理论和网络嵌入视角，本研究为回答嵌入在不同类型社会网络中的企业如何差异化的影响失败学习持久性提供了新的见解。本章内容所包含的实证研究发表于 *Management Decision* 2023 年第 61 卷第 3 期。原文题目为 *Falling in the same predicament again？A network embeddedness perspective of organizational failure recidivism in special treatment firms*。

第6章主要探讨CEO童年创伤对其战略风险承担的影响以及社会网络的情境作用。童年创伤被认为是个人早期生活经历的一个重要方面。然而，在对组织高层的研究中，童年创伤暴露对CEO战略决策的影响还没有得到很好的理解。通过整合儿童创伤理论和高阶理论，该研究开发了一个框架来探索CEO童年创伤如何影响战略风险承担。此外，研究提出，社会网络对CEO童年创伤持续效应的调节作用是由社会网络的两个相互竞争的功能驱动的：社会支持和社会压力。利用我国三年困难时期的数据进行实证检验发现，由于创伤后压力的长期影响，CEO童年创伤与战略风险承担具有负指数相关性，CEO的连锁董事网络中心度和政治关联加强了这一负向效应，体现了社会压力的影响机制。本研究对儿童创伤理论和高阶理论具有重要的意义。本章内容所包含的实证研究于2023年发表于 *The Leadership Quarterly*。原文题目为 *CEO childhood trauma, social networks, and strategic risk taking*。

第7章围绕我国上市公司连锁董事网络这一实证情境，将社会网络理论与其他组织理论（组织学习理论、角色理论、高阶理论等）进行深入整合以更好地解释企业行为，丰富了对社会网络作用机制的理解，推动了社会网络理论和研究的进一步发展。

2

连锁董事网络中的"搭便车"行为：
网络伙伴创新的外部性

2.1 研究简介

创新被广泛认为是企业竞争优势的主要贡献因素，有助于企业在日益变化的环境中求生存并创造卓越的绩效（Crossan and Apaydin，2010；Keupp et al.，2012）。因此，探索创新绩效的驱动因素已成为战略管理研究的中心焦点（Nag et al.，2007）。大量研究强调了组织间网络通过引导资源和知识促进企业创新的重要作用（Demirkan and Demirkan，2012；Phelps et al.，2012）。社会网络创新研究的基本前提是企业通过网络纽带获取知识，合作伙伴的知识溢出促进焦点企业的创新（Powell et al.，1996；Sammarra and Biggiero，2008）。然而，单一的学习效应的假定在很大程度上忽略了学习过程中的潜在障碍（Duysters et al.，2020）和现实世界实践中的挑战。例如，1978年改革开放后，中国汽车行业受益于外资的引进，迎来了快速发展。许多中国汽车企业通过与外国公司建立合资企业，利用合作伙伴的创新成果扩大市场份额和利润。虽然联盟网络为创新提供了获取知识的途径，但盲目依赖合作伙伴的创新成果，导致中国汽车企业缺乏向合作伙伴学习的动力，最终极大地损害了我国汽车企业的自主创新能力。因此，要深入了解社交网络中的学习过程，必须考虑伙伴创新的负外部性问题。

连锁董事会是一种高效率和高效能的网络，通过企业领导人传递信息和促进企业创新（Mizruchi，1996；Srinivasan et al.，2018）。例如，Srinivasan等（2018）发现，在连锁董事网络中占据中心位置可以获得市场情报，并促进新产品的引入。连锁董事网络在新兴经济体发挥着特别关键的作用，在这些经济体，不发达的制度可能阻碍资源的自由流动；

因此，连锁董事会是公司之间的信息和资源的可靠渠道（Markóczy et al.，2013；Shi et al.，2012）。虽然大多数先前的研究都隐含地假设，无论组织特征如何，所有的连锁关系都同等重要（Shropshire，2010），但最近的研究强调，连锁伙伴在可能影响整个公司学习的重要维度上存在差异（Tuschke et al.，2014）。一些连锁董事关系甚至对公司之间的学习有抑制作用（Connelly et al.，2011）。因此，我们预计，当焦点企业与不同企业建立连锁关系，可能对这些合作伙伴进行的创新学习产生不同的作用，从而对其创新产生不同的影响。因此，揭示连锁董事网络中创新的复杂学习过程具有重要的理论和实践意义。

我们认为，连锁企业之间的学习差异源于连锁企业创新水平的不同。虽然一些连锁合作伙伴表现出比焦点企业更高的创新水平，但其他合作伙伴的创新水平可能较低。由于企业可能会根据其创新状况将合作伙伴视为不同的参照群体，本研究进一步根据其相对于焦点企业的创新水平来区分企业的网络合作伙伴，并探讨其对焦点企业创新倾向的不同影响。具体而言，我们认为，在网络伙伴创新水平高的情况下，在学习过程中可能会出现"搭便车效应"，如果企业能够利用合作伙伴的创新成果，那么企业自主创新的动力就会降低，从而导致合作伙伴的创新对焦点企业的创新倾向呈现 U 型效应。相反，对于创新能力较弱的网络伙伴，"搭便车效应"可以忽略不计，在这种情况下，这些伙伴的创新对焦点企业的创新倾向有正向影响。

我们用 2008—2017 年中国上市公司的面板数据对预测进行检验。这项研究提供了几个贡献。从理论上讲，通过分析董事连锁伙伴的创新如何影响焦点企业的创新倾向，为社会网络视角下的创新研究做出了贡献。本研究通过"搭便车效应"引入合作伙伴创新的负外部性，揭示了复杂的学习过程，扩展了先前对强调单一学习效应的组织间网络的研究。此外，本研究进一步拓展了连锁董事网络中学习过程的研究，根据连锁伙伴与焦点企业的相对创新水平将其划分为不同的群体，并检验了他们对焦点企业创新倾向的不同影响，进一步支持了我们在学习过程中"搭便车效应"的观点。在实践中，研究结果为管理者更好地理解不同创新水平的合作伙伴在推动企业创新中的作用，为企业通过连锁董事关系进行有效的创新学习和避免创新惯性提供指导。

2.2 理论与假设

2.2.1 连锁董事网络和战略实践的传播

公司董事会由股东选举产生，董事会的主要职责是监督高级管理人员的战略决策和行动，使其与股东利益保持一致（Haynes and Hillman, 2010）。作为最终的决策权威机构，对董事角色的强调越来越多地从监督转向指导（Srinivasan et al., 2018）。董事会对公司战略提供的指导在很大程度上受到董事通过与其他公司管理精英的社交网络积累的知识和经验的影响（Mizruchi, 1996）。当一个公司的董事会成员同时担任其他公司的董事时，这种网络就产生了，这种在不同公司之间形成的网络联系，被称为连锁董事网络（Carpenter and Westphal, 2001；Mizruchi, 1996）。

连锁董事网络是学习战略问题的最有影响力的渠道，因为它们是"低成本的、值得信赖的、可靠的信息来源"（Haunschild and Beckman, 1998），可以根据连锁董事的个人经验提供第一手和详细的信息和知识（Davis and Greve, 1997；Shipilov et al., 2010；Srinivasan et al., 2018）。这种网络将董事和他们的公司嵌入一套社会关系中，这种关系能够有效地传递信息，从而影响公司的行为和结果（Connelly et al., 2011；Geletkanycz et al., 2001）。董事会成员通常通过观察和学习连锁企业的战略行动来寻找线索，以评估战略决策，特别是涉及高度不确定性的复杂战略

（Borgatti and Cross，2003；Washington and Ventresca，2004）。现有研究发现，企业战略可以通过连锁董事网络传播，如收购（Haunschild and Beckman，1998）、行政创新（Beckman and Haunschild，2002）、违规行为（Bizjak et al，2009）和海外直接投资（Connelly et al.，2011）。

在相互联系的伙伴之间进行有效的学习有以下几种方式。

第一，董事连锁网络为企业提供了获取相关战略信息的机会。连锁董事网络已被证明是在公司间传播市场趋势、最新技术和最佳商业实践等问题信息的关键渠道（Martin et al.，2015；Useem，1984）。董事会成员通常每年会面几次，讨论和制定他们的战略决策和行动（Haunschild and Beckman，1998；Zajac and Westphal，1996）。在董事会会议上，信息在公司之间及时流动，包括其他公司战略决策制定和实施过程以及战略的有效性等信息（Carpenter and Westphal，2001；Strang and Soule，1998；Useem，1984）。转移的信息和知识通过改善控制、减少资源依赖和增加竞争优势来影响企业的战略发展（Connelly et al.，2011）。

第二，暴露于合作伙伴的战略行为会增加企业采取相同战略的动机。向其他企业学习可以减少实施特定战略的不确定性（Beckman et al.，2004）。当企业考虑在不确定的环境条件下实施战略时，他们可能会向连锁企业寻求有关战略的信息，包括其目标和基本原理、相关成本和收益、实施方法和潜在障碍（Connelly et al.，2011；Rogers，1995）。因此，与采用了某种战略的企业保持连锁关系的企业更倾向于在不确定性降低的情况下从事相同的实践（Geletkanycz et al.，2001）。

2.2.2 连锁董事网络中的创新学习

由于创新过程和结果具有风险和不确定性（Phelps，2010），高层管理人员推动创新活动和绩效的倾向也受到其他公司创新实践和结果的影响，但方式更为复杂。为了减少不确定性，企业倾向于通过培养和利用组织间关系来寻找与创新相关的知识和经验（Ingram，2002；Nahapiet and Ghoshal，1998）。连锁伙伴间的知识溢出可以促进焦点企业的学习和创新。然而，除了连锁伙伴带来的知识溢出的正外部性外，"搭便车效应"也可能产生潜在的负外部性。当焦点企业利用网络伙伴的创新产出从事经营活动，而不是进行与研发相关的创新实践并创造自己的创新产出时，就会出现"搭便车效应"。"搭便车效应"表明，来自连锁伙伴的高创新产出会激活焦点企业的"搭便车"行为，降低其向合作伙伴学习的动机，从而抑制自身创新。因此，"搭便车效应"可能会影响组织学习过程，并导致连锁伙伴之间不同的学习结果。

现有的关于社会网络的研究很大程度上认为所有的网络纽带都是相同的，并假设不管组织特征如何，所有的连锁都同等重要（Shropshire，2010）。然而，连锁伙伴在可能影响学习结果的重要维度上有所不同（Chiu et al.，2013；Tuschke et al.，2014）。例如，Connelly 等（2011）认为，与未能成功或没有实施在中国扩张战略的公司的连锁关系降低了焦点企业采用该战略的可能性。Jiang 和 Zhao（2019）认为，财务违规在连锁董事网络内部的传染取决于焦点企业与连锁企业之间的相对地位。地位低的连锁伙伴的非违规行为抑制了焦点企业的违规行为，地位高的连锁伙伴的违规行为促进了焦点企业的违规行为，这是基于地位的角色期望与连锁企业实践匹配的结果。

企业的创新倾向和机会是在一个网络中交互构建的，在这个网络中，企业观察其独特合作伙伴的创新行为，并相应地定位自己（Duysters et al.，2020）。企业可能会根据不同参照群体的行为以不同的方式调整其创新水平（Connelly et al.，2011）。因此，假设所有连锁关系的学习效果是单一的，且所有连锁关系的作用都相同，不利于全面理解连锁董事网络内部创新学习的复杂过程。考虑到网络伙伴创新的影响，连锁企业间的相对创新水平是影响连锁企业间创新相关的学习动机和内容的最重要的组织特征之一。因此，本研究进一步根据网络伙伴相对于焦点企业的创新水平对其进行区分，并探讨其对焦点企业创新的差异化影响。

2.2.3 连锁伙伴的相对创新水平

我们将企业在连锁董事网络中的伙伴划分为相对于焦点企业创新水平较高的伙伴和相对于焦点企业创新水平较低的伙伴两个参照组，并提出他们的创新水平对焦点企业的创新倾向有显著影响。

1. 创新水平高的网络伙伴的影响

我们认为，由于学习过程中的"搭便车效应"，更具创新性的连锁网络伙伴的创新水平与焦点企业的创新水平之间存在 U 型关系。

来自高创新伙伴的知识溢出的正外部性线性增强。当合作伙伴的创新水平高于焦点企业时，合作伙伴的知识和资源更容易外溢，焦点企业更有动力利用这种外溢来提高创新绩效。以往的研究表明，企业倾向于将成功的伙伴作为榜样，并模仿他们的行为，这些行为被认为更合理并且会产生积极的后果（Connelly et al.，2011）。例如，Miao 等（2020）认为，技术上成功的同行为发展中国家落后的企业提供了改善技术能力的机会，并在向全球技术前沿靠拢方面取得进展。同样，在本研究中，一方面，连锁董事网络中创新程度较高的伙伴更有可能被视为榜样，他们关于创新活动的观点和行为，如研发方向，被认为是市场的趋势、期望的行为甚至行业规范的代表。创新是我国政府大力支持的企业行为，但同时也伴随着较高的风险和资源消耗。在这种情况下，企业是否投资创新以及投资到何种程度的决定在很大程度上取决于其战略参照对象。当连锁伙伴表现出更高的创新绩效时，焦点企业倾向于更多地参与提高创新绩效以维持合法性，创新机会也会变得更加丰富。与创新水平高的合作伙伴的联系使创新相关过程和结果的知识有效溢出（Carpenter and Westphal，2001；Strang and Soule，1998），提高焦点企业的创新能力。由此可见，创新水平高的网络伙伴对焦点企业的创新具有正向溢出效应。

然而，"搭便车效应"也可能在向更具创新性的合作伙伴学习的过程中发挥重要作用。随着连锁合作伙伴与焦点企业创新水平差异的增大，焦点企业更有动力依赖合作伙伴的资源和能力进行创新。通过利用合作伙伴的创新成果，焦点企业可以最大限度地降低自主创新的风险，转而专注于其特定知识领域的发展（Duysters et al., 2020；Uotila et al., 2009）。并且当合作伙伴的创新水平提高到一定水平时，由于合作关系的显著差异，就会产生潜在的挪用风险，使焦点企业无法利用合作伙伴的创新成果；这被称为"与鲨鱼一起游泳的困境"（Diestre and Rajagopalan, 2012；Katila et al., 2008）。在这种情况下，焦点企业处于不利地位；"搭便车效应"不起作用，企业必须自主创新。

由此可见，虽然溢出效应呈线性增加，但"搭便车效应"单调增加且边际递减，使得创新伙伴的创新水平与焦点企业的创新之间呈现 U 型关系。早期主要是"搭便车效应"。首先，自主创新的需求促使焦点企业进行高水平的创新。随着合作伙伴创新水平的提高，"搭便车效应"的增强降低了焦点企业的创新意愿。在合作伙伴创新水平较高时，溢出效应的增加超过"搭便车效应"，导致焦点企业创新意愿的增加。

假设 1：高创新伙伴的创新水平与焦点企业的创新倾向呈 U 型关系。

2. 创新水平低的网络伙伴的影响

对于低创新伙伴的创新水平的影响，我们认为"搭便车效应"可以忽略不计，而正向知识溢出线性增加，导致低创新连锁伙伴的创新水平与焦点企业的创新呈正相关关系。"搭便车效应"很弱，因为创新能力较弱的合作伙伴的创新成果有限，使得焦点企业的搭便车能力较弱。此外，低创新伙伴较少引起焦点企业的关注，从而导致较强的自主创新动机。在正向知识溢出方面，虽然合作伙伴的创新水平低于焦点企业，但随着合作伙伴创新水平的提高，知识和信息的溢出会增加。另一方面，创新能力较弱的合作伙伴的持续改进可能会激励焦点企业创新以保持竞争优势。以往的研究表明，地位较高的企业通常比地位较低的企业表现得更好（Rhee and Haunschild，2006；Jensen，2006），低地位连锁企业的良好实践可以对焦点企业施加更大的压力，推动焦点企业以道德的方式行事（Jiang and Zhao，2019）。同样，如果创新能力较弱的合作伙伴的创新水平提高，焦点企业可能会产生创新紧迫感。由此可见，创新能力较弱的合作企业的创新水平能够增强焦点企业的创新倾向。

假设2：低创新伙伴的创新水平与企业的创新倾向呈正相关。

2.3 方法

2.3.1 样本和数据收集

本书使用来源于中国经济金融研究数据库2008—2017年我国上市公司的面板数据对研究模型进行了检验。我国提供了一个特别合适的环境来检验关于连锁董事网络内部创新传播的假设，原因有二：①根据我国政府强调的创新驱动发展政策和市场竞争的加剧，我国企业要不断提高创新能力和创新产出，增强竞争能力。他们倾向于通过学习或搭便车等不同方式参与创新活动或获得创新产出（Wu，2008）。②我国是一个转型经济体，其特点是制度不完善（Peng and Luo，2000）。连锁网络是我国企业从外部获取知识和信息、降低创新固有的不确定性和风险的重要渠道，这在很大程度上决定了我国企业与创新相关的战略决策、行动和结果（Jiang et al.，2020）。通过观察连锁伙伴创新活动和产出的变化，可以研究企业的创新倾向如何随连锁伙伴创新水平的变化而变化。我们将所有预测变量滞后一年以消除反向因果关系。没有网络联系和其他缺失值的公司年度观测数据被排除在样本之外，最终获得了17517个观测数据。

2.3.2 测量

1. 因变量

我们通过对每个企业每年的专利申请总量来衡量企业创新趋势（Jia et al.，2019）。以往的研究通常使用成功授权的专利申请来衡量企业的创新绩效（Sunder et al.，2017；Wadhwa and Kotha，2006）。在本研究中，我们试图捕捉每个企业的创新趋势而不是创新绩效；因此，我们计算了专利申请的数量，包括那些在观察窗口期间成功授权的专利申请和没有成功授权的专利申请。我们对创新倾向进行对数变换，以减轻离群值的影响。

2. 解释变量

为了衡量网络伙伴的创新水平，我们首先确定了每个公司每年的连锁伙伴，然后计算连锁伙伴的创新特征，包括相对创新水平高和低的伙伴的创新水平。如果两家公司在一年内共有一名或多名董事，那么它们就被认定为连锁公司（Cohen et al.，2012）。因此，我们以 2007—2016 年的董事信息为基础，在所有公司之间建立了一个以年为单位的连锁董事网络。在确定了每家企业的连锁合作伙伴之后，我们通过比较每个合作伙伴与焦点企业的创新水平，进一步将每家企业的合作伙伴分为两类。具体而言，我们将连锁合作伙伴分类为：如果其当年的创新水平高于焦点企业，则为更具创新性的合作伙伴；如果其创新水平低于焦点企业，则为较缺乏创新性的合作伙伴。创新能力强的合作伙伴的创新水平用更具创新性的合作伙伴的平均专利成功申请数来衡量，创新能力弱的合作伙伴的创新水平用较缺乏创新性的合作伙伴的平均专利成功申请数来衡量。我们对这两个变量进行对数变换，以消除极值的影响。

3. 控制变量

本研究在模型中控制了许多可能影响企业创新的变量（Crossan and Apaydin，2010；Keupp et al.，2012）。首先，我们控制了 CEO 性别（一个虚拟变量，男性为 0，女性为 1）、CEO 年龄（CEO 出生的年数）和 CEO 多次董事会任命（CEO 在其他上市公司担任董事的数量），以解释管理特征的影响。其次，我们控制了公司规模（员工数量的对数）、公司年龄（公司成立的年数）、公司绩效（ROA）、董事会规模（董事会成员数量）、董事会独立性（董事会中独立董事的比例）、研发强度（研发支出除以总销售额）和公司地位（在连锁董事网络中的特征根中心性）来解释公司特征的影响。我们还加入了年份虚拟变量，以解释特定时期的影响。

2.3.3 分析

本研究用下面的方程来检验假设：

$$ln(创新_{t+1}) = \beta_0 + \beta_1 伙伴创新_t + \beta_2 伙伴创新_t^2 + \beta_3 控制变量_t + \lambda_t$$

其中创新$_{t+1}$是指由 $t+1$ 时期的专利申请总数计算出的企业创新倾向。伙伴创新表示 t 时期连锁伙伴的创新特征，即模型 2（假设 1）中创新强的伙伴的创新水平，模型 3（假设 2）中创新弱的伙伴的创新水平。由于本研究考察了伙伴创新与焦点企业创新倾向之间是否存在 U 型关系，我们还在方程中加入了一个平方项，即伙伴创新$_t^2$。λ_t 是一个误差项。我们用普通最小二乘回归估计模型。由于在样本期间一个企业有多个观测值，因此可能存在未观察到的公司异质性和相互依赖性的潜在问题（Greene，1997）。Hausman 检验的结果显示倾向于使用固定效应规范而不是随机效应规范来解决这个问题，因为随机效应系数与固定效应系数在 0.1% 的水平上存在显著差异，卡方值为 377.17（$p<0.001$）。因此，我们在分析中使用固定效应普通最小二乘回归模型。

2.4 结果

表 2-1 显示了描述性统计数据。所有变量的方差膨胀因子值均远低

表 2-1　描述性统计和相关性

变量	Mean	S.D.	1	2	3	4	5	6	7	8	9	10	11	12
1. CEO 性别	0.058	0.234	1.000											
2. CEO 年龄	48.560	6.342	-0.025	1.000										
3. CEO 多董事会任职	0.044	0.263	-0.011	0.023	1.000									
4. 企业规模	7.616	1.421	-0.050	0.134	0.034	1.000								
5. 企业绩效	0.035	0.062	0.031	0.013	0.003	0.064	1.000							
6. 董事会规模	8.946	1.914	-0.060	0.072	0.006	0.301	-0.004	1.000						
7. 董事会独立性	0.371	0.055	0.035	0.020	0.031	0.002	-0.019	-0.387	1.000					
8. 研发强度	0.024	0.038	-0.006	-0.009	-0.040	-0.072	0.087	-0.131	0.054	1.000				
9. 企业地位	0.003	0.033	0.003	-0.014	-0.000	0.049	0.005	0.016	-0.024	-0.019	1.000			
10. 高创新伙伴的创新水平	2.893	1.940	-0.008	0.054	0.028	0.030	0.002	0.050	0.010	0.029	0.041	1.000		
11. 低创新伙伴的创新水平	0.837	1.134	-0.044	0.033	0.010	0.332	0.094	0.014	0.037	0.209	-0.005	-0.059	1.000	
12. 企业创新倾向	2.295	1.856	-0.043	0.040	0.000	0.408	0.139	0.011	0.050	0.278	-0.011	-0.045	0.694	1.000

注：$N=17517$；绝对值大于 0.015 的系数在 0.05 水平上显著。

于阈值水平,表明没有多重共线性。表 2-2 显示了固定效应普通最小二乘回归的结果。模型 1 包括控制变量。模型 2 和模型 3 报告了连锁董事网络伙伴创新水平的影响效应。模型 4 是包含所有变量和交互项的完整模型。

表 2-2 针对企业创新的固定效应普通最小二乘回归结果

解释变量	模型 1	模型 2	模型 3	模型 4
CEO 性别	-0.020 (0.044)	-0.022 (0.044)	-0.017 (0.044)	-0.019 (0.044)
CEO 年龄	0.001 (0.002)	0.001 (0.002)	0.001 (0.002)	0.000 (0.002)
CEO 多董事会任职	-0.013 (0.037)	-0.010 (0.037)	-0.020 (0.036)	-0.018 (0.036)
企业规模	0.224*** (0.013)	0.217*** (0.013)	0.202*** (0.013)	0.200*** (0.013)
企业绩效	0.777*** (0.132)	0.767*** (0.132)	0.748*** (0.131)	0.745*** (0.131)
董事会规模	0.016 (0.009)	0.018* (0.008)	0.016 (0.008)	0.017* (0.008)
董事会独立性	0.029 (0.213)	-0.010 (0.212)	0.108 (0.211)	0.076 (0.211)
研发强度	1.639*** (0.360)	1.488*** (0.359)	1.174*** (0.356)	1.119** (0.356)
企业地位	0.641 (0.645)	0.634 (0.643)	0.494 (0.637)	0.475 (0.637)
高创新伙伴的创新水平		-0.129*** (0.012)		-0.076*** (0.012)
高创新伙伴的创新水平^2		0.022*** (0.002)		0.014*** (0.002)
低创新伙伴的创新水平			0.177*** (0.020)	0.159*** (0.021)
低创新伙伴的创新水平^2			-0.002 (0.006)	-0.001 (0.006)

续表

解释变量	模型1	模型2	模型3	模型4
常数项	−0.224 (0.173)	−0.055 (0.173)	−0.131 (0.171)	−0.042 (0.171)
F	161.51***	151.91***	166.28***	152.88***
R^2	0.1576	0.1644	0.1771	0.1795

注：年份虚拟变量包括在内；
显著性水平：*** $p<0.001$，** $p<0.01$，* $p<0.05$；
括号中为标准误差。

模型2为假设1提供了支持，揭示了高创新伙伴的创新水平与焦点企业的创新倾向之间存在U型关系，高创新伙伴的创新水平的平方项具有正向作用（$\beta=0.022$，$p<0.001$）。模型3为假设2提供了支持，表明创新能力较弱的合作伙伴的创新水平对焦点企业的创新倾向有正向影响（$\beta=0.177$，$p<0.001$）。以上效应在完整模型中成立（模型4）。

本研究还用其他指标来检验网络伙伴创新水平的影响，具体来说，就是创新能力强的网络伙伴数量和创新能力弱的网络伙伴数量。对于高创新水平的合作伙伴，随着合作伙伴数量的增加，焦点企业更有动力依赖合作伙伴的资源和能力进行创新，从而降低了自主创新的动力。然而，当一家企业拥有高创新伙伴时，一致性的压力会迫使焦点企业参与创新（见表2-3），模型2表明，高创新伙伴的数量与焦点企业创新倾向之间存在U型关系，高创新伙伴数量平方项的正效应（$\beta=0.003$，$p<0.001$）证明了这一点。对于创新水平较低的合作伙伴，随着创新水平较低的合作伙伴数量的增加，由于搭便车的机会越来越少，焦点企业自主创新的动力也越来越强。但当创新能力较弱的合作伙伴数量增加到一定程度时，"搭便车效应"减弱，创新倾向下降。尽管焦点企业并不打算将这些合作伙伴作为榜样，但与许多缺乏创新能力的合作伙伴建立联系会使创新成为不受欢迎和不必要的战略举措，从而降低焦点企业的创新动力。模型3揭示了低创新伙伴的数量与焦点企业创新倾向之间的倒U型关系，低创

新伙伴数量的平方项具有负向效应（$\beta=-0.004$，$p<0.001$）。结果进一步支持了我们的论点。

表 2-3 针对企业创新的固定效应普通最小二乘回归结果（其他测量）

解释变量	模型 1	模型 2	模型 3	模型 4
CEO 性别	−0.020	−0.029	−0.020	−0.027
	(0.044)	(0.044)	(0.044)	(0.044)
CEO 年龄	0.001	0.001	0.001	0.001
	(0.002)	(0.002)	(0.002)	(0.002)
CEO 多董事会任职	−0.013	0.005	−0.013	0.000
	(0.037)	(0.037)	(0.037)	(0.036)
企业规模	0.224***	0.221***	0.203***	0.203***
	(0.013)	(0.013)	(0.013)	(0.013)
企业绩效	0.777***	0.787***	0.759***	0.768***
	(0.132)	(0.132)	(0.131)	(0.131)
董事会规模	0.016	0.020*	0.011	0.015
	(0.009)	(0.009)	(0.008)	(0.008)
董事会独立性	0.029	0.072	0.007	0.042
	(0.213)	(0.212)	(0.211)	(0.211)
研发强度	1.639***	1.495***	1.417***	1.326***
	(0.360)	(0.359)	(0.357)	(0.356)
企业地位	0.641	1.067	0.341	0.696
	(0.645)	(0.644)	(0.640)	(0.640)
高创新伙伴的数量		−0.069***		−0.054***
		(0.009)		(0.009)
高创新伙伴的数量^2		0.003**		0.002*
		(0.001)		(0.001)
低创新伙伴的数量			0.090***	0.081***
			(0.007)	(0.007)
低创新伙伴的数量^2			−0.004***	−0.003***
			(0.001)	(0.001)

续表

解释变量	模型 1	模型 2	模型 3	模型 4
常数项	-0.224 (0.173)	-0.161 (0.172)	-0.135 (0.171)	-0.093 (0.171)
F	161.51***	152.15***	160.37***	149.24***
R^2	0.1576	0.1646	0.1719	0.1760

注：年份虚拟变量包括在内；
显著性水平：*** $p<0.001$，** $p<0.01$，* $p<0.05$；
括号中为标准误差。

2.5 结论与启示

2.5.1 主要结论

本研究探讨连锁董事网络中伙伴的创新水平如何影响企业的创新倾向。具体而言，与焦点企业相比，创新水平不同的连锁伙伴对焦点企业创新倾向的影响不同。对于创新能力强的合作伙伴，研究结果表明，由于学习过程中的搭便车效应，企业的创新倾向与其创新能力强的连锁合作伙伴的创新水平呈 U 型关联。与表现出相似创新水平的合作伙伴联系，意味着对自主创新的需求较高，这诱使企业在高水平上创新。随着合作伙伴创新的增加，"搭便车效应"的增强降低了企业的创新意愿。在合作伙伴创新水平较高时，知识溢出效应的增加会超过"搭便车效应"，从而导致企业创新水平的提高。当连锁合作伙伴的创新水平中等时，特别是当合作伙伴平均每年有 3 项或 4 项成功专利申请时，焦点企业的创新倾向最低。对于创新水平较低的合作伙伴，其创新水平正向影响焦点企业的创新倾向，因为"搭便车效应"可以忽略不计，而知识溢出则呈线性增加。

2.5.2 理论意义

第一，本研究从社会网络的角度探讨连锁董事网络中相互依存的创新倾向，为创新文献的研究做出了贡献。现有关于组织间网络对企业创新影响的研究强调单一的学习效应，主要集中在有效的知识转移所带来的收益上，而忽略了学习过程中的潜在障碍。我们通过强调企业从合作伙伴的创新中学习时存在搭便车的力量，进而扩展这一文献。通过揭示创新学习的复杂过程，我们强调企业间网络对企业的创新学习存在差异化影响，取决于企业本身和合作伙伴的相对创新水平。

第二，本研究通过探索相对创新水平更高或更低的网络伙伴的不同影响，为通过连锁董事网络进行组织学习的文献做出了贡献。虽然大多数以往的研究都隐含一个假设，即无论组织特征如何，所有的连锁关系都同等重要（Shropshire，2010），但最近的研究强调，连锁伙伴在可能影响学习结果的重要维度上存在差异（Connelly et al.，2011；Tuschke et al.，2014）。我们根据相对创新水平对网络伙伴群体进行了区分，发现"搭便车效应"在向创新能力强的伙伴学习过程中起作用，但在向创新能力弱的伙伴学习过程中失效。结合知识溢出效应和"搭便车效应"，提出网络伙伴创新的正外部性和负外部性。研究结果使我们能够更全面地理解合作伙伴创新在推动企业创新异质性中的价值。

2.5.3 实践启示

本研究对企业创新具有重要的实践贡献。连锁董事网络作为一种资源和信息渠道的积极作用已得到广泛认可，但其消极影响却受到有限的关注。在与其他企业的合作过程中，许多企业过度依赖合作伙伴的创新产出，导致企业自主创新能力不足，长期来看竞争优势受到侵蚀。本研究的发现为商业世界中的学习问题提供了证据，并建议企业应该意识到与其他公司合作的潜在风险，尤其是创新能力强的合作伙伴。具体而言，在董事或连锁企业的选择和合作中，焦点企业除了认识到知识溢出的潜在好处，还应认识到与创新能力强的伙伴联系时可能阻碍其创新倾向的潜在负外部性。同时，创新水平较低的合作伙伴提供的创新相关知识相对于创新水平较高的合作伙伴有限，但其创新水平的提高使得焦点企业搭便车的机会有限，从而激励其进行自主创新。此外，理解创新趋同或发散的过程可以帮助管理者预测其他公司的创新趋势，从而充分理解更广泛环境中的竞争状况。管理者可以通过观察其他企业的合作伙伴的创新状况来评估其创新倾向。从而帮助企业锁定潜在的合作伙伴或竞争对手，例如密切关注未来最有可能具有高度创新能力的公司。因此，本研究的结果为企业如何更好地发展合作关系和提高创新绩效提供了见解。

2.5.4 局限性和未来研究展望

第一，本研究使用（成功授权的）专利申请作为创新的代理变量，包括连锁合作伙伴的创新绩效和焦点企业的创新倾向。然而，专利可能只捕获了企业创新条件的一部分（Jiang et al., 2020；Lin and Wu, 2010）。未来的研究可以检验这些发现是否适用于其他类型的创新。

第二，尽管假设"搭便车效应"可以在向更具创新性的连锁伙伴学习的过程中发挥作用，但该机制无法用本研究中使用的档案数据直接测量。未来的研究应采用纵向定性研究的方法来检验董事会连锁网络内部创新趋同的潜在机制。

第三，本研究考察了董事会连锁网络内部的创新传播，但没有考虑董事的特征，如内部董事和外部董事建立的关系之间的差异。内部董事和外部董事在能力、权力和对组织学习的影响方面存在差异（Jiang and Zhao, 2019）。例如，与创新相关的信息和知识可以通过内部董事以更全面的方式传递，因为他们通常拥有更多的领域相关知识，可以获得关于创新战略的第一手经验（Tuschke et al., 2014）。未来的研究可以探讨内外部董事以及其他人口特征对连锁董事网络中创新扩散的不同影响。

3

网络伙伴的中心度多样性与
企业创新绩效

3.1 研究简介

快速变化的社会、技术和经济环境极大地增加了对创新的需求（Drucker，2014）。企业间网络已被证明可以通过引导资源和知识来促进企业创新和共同解决问题（Ahuja，2000；Ahuja et al.，2008；Borgatti and Halgin，2011；Powell et al.，1996）。大多数关于企业间网络对企业创新影响的研究都集中在企业自身网络结构（一阶社会资本）的作用上。例如，文献发现，企业的网络中心度，反映其在网络中占据中心位置的程度，对其创新绩效有积极影响（Tsai，2001）。

越来越多的网络研究关注于行动者的直接联系者的网络结构（二阶社会资本）的影响（Galunic et al.，2012），认为这在很大程度上决定了通过他们的网络可以获取的资源的质量（Brass，1984；Lin，2001）。例如，Galunic 和同事（2012）发现，与高级经纪人联系可以增加其为他人带来的价值。Grosser 等（2017）发现一个行动者的网络联系人的平均创造性自我效能感与其创新行为正相关，且这种关系受到伙伴网络密度的影响。因此，现有的二阶社会资本研究主要集中在伙伴的网络结构的平均水平，或特定伙伴的网络结构上。但是，对合作伙伴网络结构进行平均或聚焦于特定合作伙伴，都不能解释合作伙伴网络结构的潜在差异，不能全面理解二阶社会资本的价值。因此，这些文献留下了一个重要的研究问题：合作伙伴网络结构的异质性如何影响企业的创新绩效？

为了解决这一问题，我们引入了一个关键概念：企业网络伙伴的中心度多样性，进一步探讨二阶社会资本对焦点企业创新绩效的影响。网络伙伴的中心度多样性是指企业网络伙伴所占据的网络中心度之间的差异程度。虽然网络中心度被视为获取及时和多样化知识的有利位置（Owen-Smith and Powell，2004），但高度中心的行动者可能受制于信息冗余和惯性，阻碍了他们获取创新优势（Ahuja，2000；Gilsing et al.，2008）。由于网络中心度同时传递了机遇和约束，我们指出，企业可以通过与不同网络中心度水平的合作伙伴建立联系，最大限度地利用其社会网络。这样的联系可以帮助企业获得不同的知识和思维方式，同时防范惯性和顺从压力（Cattani and Ferriani，2008）。

此外，尽管企业间网络提供了获取外部知识的途径，但它并不能保证有效的发现、转移和吸收。基于社会网络理论，要全面理解合作伙伴的网络影响，既要考虑企业与其合作伙伴之间的关系，也要考虑企业自身的知识广度等特征，这些特征会影响焦点企业与其网络合作伙伴之间知识转移的动机和效率（Phelps，2010）。

为了弥补上述的研究局限，我们关注于企业连锁董事网络伙伴的中心度多样性。当两家公司的董事会中有共同的董事时，就建立了董事会连锁关系，这样可以提供对公司发展至关重要的大量信息和资源（Boyd，1990；Haunschild，1994；Haunschild and Beckman，1998；Podolny，2001）。一家公司的知识广度和它与网络伙伴之间的非独立关系（由两家公司的非独立董事建立的关系）影响着它获取、调动和整合网络伙伴知识的能力。因此，我们进一步研究了企业的知识广度和与伙伴的非独立联系如何调节网络伙伴的中心度多样性对焦点企业创新绩效的影响。

我们使用2000—2016年我国上市制造业企业数据来检验研究模型。研究发现，网络伙伴的中心度多样性与焦点企业的创新绩效呈正相关关系。此外，我们还发现焦点企业的知识广度削弱了这种效应，而焦点企业与其合作伙伴之间的非独立关系比例增强了这种效应。我们的研究以三种方式增加价值：①我们通过阐述二阶社会资本的相关性，特别是合作伙伴网络结构的组成，为创新文献做出了贡献。以往对企业间网络与企业创新关系的研究主要集中在焦点行动者的网络结构所带来的效益上。本书将连锁伙伴间网络中心性的异质性作为影响焦点企业创新绩效的重要因素。②通过研究网络伙伴中心度多样性的影响，有助于理解二阶社会资本。以往对二阶社会资本的研究主要集中在伙伴网络结构的平均水平上，或者在特定伙伴的网络结构上，但对伙伴之间网络结构构成的影响还不甚了解。通过论证企业可以从具有不同中心度水平的网络伙伴中获得最佳创新效益，我们强调了伙伴中心度的效益不是相同的，而是取决于伙伴中心度的多样性。③我们通过探索企业知识广度的调节作用以及企业与合作伙伴之间的纽带特征，建立了一个更为全面的理论模型。研究结果有助于企业更深入地理解二阶社会资本的价值，从而帮助企业充分利用合作伙伴之间的中心度多样性来提高创新绩效。

3.2 理论与假设

3.2.1 网络中心度与企业创新

创新是一个解决问题的过程，通过对现有知识的新颖重组或对知识组合方式的重新配置而产生（Fleming，2001；Henderson and Clark，1990；Nelson and Winter，1982；Phelps，2010）。创新成果的实现具有不确定性和风险（Phelps，2010）。为了减少这种不确定性，企业应该通过发展企业间的关系以寻找知识和经验（英格拉姆，2002；Nahapiet and Ghoshal，1998）。企业间网络已被证明可以通过传递信息和资源以及促进共同解决问题来增强企业创新（Ahuja，2000；Ahuja et al.，2008；Powell et al.，1996；Powell et al.，2005）。连锁董事网络，作为高层管理人员之间信息传播的平台（Martin et al.，2015），提供了来自其他企业的大量信息和资源，这些信息和资源可能对焦点企业的发展至关重要（Boyd，1990；

Haunschild, 1994; Haunschild and Beckman, 1998; Podolny, 2001）。连锁董事网络还为企业提供了合作解决问题的机会，以及在市场趋势和最新技术方面的相互支持。这样的网络还通过将企业与其环境整合而提供合法性（Boyd, 1990; Podolny, 1994; Thompson, 1967）。

网络中心度被认为是一种有价值的网络结构形式，它描述了一个行动者与网络中其他人连接的程度（Singh, 2005; Srinivasan et al., 2018）。它反映了网络中焦点行动者的位置优势和影响力（Brass, 1984; Ibarra, 1992）。网络中心度在两个方面促进了企业创新：一是与其他网络成员相比，处于中心位置的企业通常更容易接触到各种资源，并能更快地接收信息（Yang et al., 2011），从而能够及时获得技术、市场和管理知识（Powell et al., 1996; Sammarra and Biggiero, 2008）。二是占据中心位置的企业往往拥有较高的地位和权力，更容易获得其他网络成员的支持（Gnyawali and Madhavan, 2001）。然而，中心企业也可能过度沉浸在现有的关系和承诺中，造成惯性，阻碍它们在熟悉领域之外探索创新的动机和能力（Faulkner and Anderson, 1987; Perry-Smith and Shalley, 2003）。相比之下，低中心度的企业往往对网络成员的影响较小，难以吸引他人的关注和支持（Cattani and Ferriani, 2008）。然而，这样的企业也不太可能受到同质化的影响，而是保持较高的动机从事创新活动，并产生新颖的观点（Perry-Smith and Shalley, 2003; Schilling, 2005）。

3.2.2 合作伙伴的网络中心度

虽然网络中心度的价值已经得到了很好的探讨，但大多数研究主要集中在焦点行动者的网络结构上。社会网络研究中的一个新兴潮流开始强调网络的正外部性，并调查合作伙伴的网络结构对焦点行动者结果的影响（Galunic et al., 2012）。鉴于其对焦点行动者的重要价值，网络伙伴的网络结构被称为二级社会资本（Brass, 2009; Galunic et al., 2012）。

这类研究的基本假定是网络伙伴的网络结构反映了企业通过其社会网络纽带所能获得的支持和资源的质量（Brass，1984；Kleinbaum et al.，2015；Lin，2001）。例如，Burt（2010）发现，与低约束供应商进行交易可以提高制造企业的绩效。Galunic 等（2012）发现，与级别更高或具有领导角色的中间人联系可以增加其为他人带来的价值。Hirst 等（2015）认为，间接网络效率对焦点行动者是有价值的。Grosser 等（2017）研究发现，行动者网络伙伴的平均创造性自我效能与其创新行为正相关，且这种关系取决于这些伙伴的网络密度。因此，对二阶社会资本的有限研究主要集中在伙伴的网络结构平均水平，或特定伙伴的网络结构，如占据特定网络位置的行动者——处于网络中心或中间人的位置。因此，我们对合作伙伴网络结构构成的影响知之甚少，尤其是在企业层面。因此，我们探讨了这样一个问题：企业如何从其网络伙伴的多样化的中心度中实现网络效益，从而提高其创新绩效？

事实上，网络的多样性对于企业的创新效率至关重要（Kaufmann and Tödtling，2000，2001；Rothwell，1991）。例如，Beckman 和 Haunschild（2002）认为，企业网络伙伴的经验异质性改善了企业的组织学习。Phelps（2010）认为合作伙伴的技术多样性增加了企业的探索性创新。尽管之前的研究已经检验了网络伙伴多样性的影响（Sampson，2007），但我们对合作伙伴网络结构之间的差异如何影响企业创新知之甚少。由于占据中心地位的复杂效应，网络伙伴的中心度多样性对企业创新至关重要。与具有较高中心度的合作伙伴联系的企业可以获得有关市场趋势和最新技术的各种信息。这种情况下，它们既得到了广泛的支持和合法性，也不需要维持大量的关系（Powell et al.，1996），但它们可能也很少接触到新颖的想法和灵感。通过与中心度低的合作伙伴建立联系，企业可以获得新知识，并面临较小的社会压力。通过与处于边缘位置的网络伙伴建立联系，企业更有可能表现出更高的动机来打破现有模式，达成创造性的想法和结果，但是它们在网络中的边缘性可能会增强，并导致不受支持和最终徒劳的创新努力（Cattani and Ferriani，2008）。

3.2.3 合作伙伴的中心度多样性和企业创新

考虑到合作伙伴网络中心度的优势和劣势，我们认为，与具有不同中心度的合作伙伴联系的企业可以充分利用网络中心度的积极方面并克服制约因素，从而提高创新绩效。具体而言，我们提出了网络伙伴的中心度多样性在提高焦点企业创新绩效方面的两个原因。

第一，创新要求焦点企业吸收和重组来自各种来源的新知识视角（Phelps，2010）。网络伙伴中心度的高度多样性意味着合作伙伴在网络中的中心度彼此之间有很大的差异。正如我们前面提到的，处于边缘位置的合作伙伴往往是灵感和新颖想法的来源，而处于中心位置的伙伴可以动员支持和资源，从它们广泛的网络中寻求创新机会。因此，合作伙伴的中心度多样性使焦点企业暴露于创新的互补资源，这增加了潜在组合和新解决方案的数量和种类（Fleming，2001）。

第二，中心度多样性可以激发焦点企业建立灵活的思维。处于不同网络位置的企业有不同的思维方式。在社会网络中地位稳固的中心行动者倾向于制定保守和深思熟虑的决策，而边缘的行动者更有可能表现出发散性的思维风格（Perry-Smith and Shalley，2003）。因此，不同位置的网络伙伴为焦点企业提供了观察问题的不同解决方案的机会，这可能会挑战焦点企业的认知结构（Beckman and Haunschild，2002；Phelps，2010）。这种反事实思维有利于探索性学习（Morris and Moore，2000），并鼓励焦点企业建立对问题的多种概念并找到创新的解决方案。

基于这些原因，我们预计，寻求提高创新绩效的企业可以建立由占据不同网络位置的合作伙伴组成的网络。一方面，合作伙伴之间不同程度的中心地位为这些企业提供了创新的互补资源。另一方面，合作伙伴的中心度多样性为企业提供了截然不同的思维模式，促进了焦点企业对创新的认知结构。因此，在由具有异质性中心度的合作伙伴组成的网络中，企业更能从其网络中获得创新效益。

假设1：网络伙伴中心度的多样性越高，焦点企业的创新绩效越好。

3.2.4　调节作用

尽管网络伙伴的中心地位的多样性提供了获取互补资源和多样化思维方式的途径，但这并不能保证它们的有效发现、转移或同化。成功的知识转移和创造受到激励和能力的影响，例如合作伙伴必须与焦点企业合作并分享知识（Hamel，1991），焦点企业必须接受知识并将其与自己的知识库集成以创造新的知识。由于多样性可能导致信息过载，当焦点企业在更狭窄的领域发展专业化时，合作伙伴之间的知识转移可能更有效（Zhou and Li，2012）。相反，专注于广泛领域可能会加剧信息过载，从而削弱焦点企业从合作伙伴那里有效吸收知识的能力（Cohen and Levinthal，1990；Rindfleisch and Moorman，2001）。关于通过连锁关系进行知识转移和整合，大多数研究都隐含地假设所有董事会连锁关系都为信息传递和企业学习提供了平等的机会，但忽略了建立连锁关系的董事的特征（Shropshire，2010）。近期的研究表明，在帮助企业从网络伙伴获得利益方面，某些关系比其他关系更重要，因为这些关系不仅影响企业搜索知识的动机，而且影响企业吸收和利用网络伙伴提供的各种知识的能力（Haunschild and Beckman，1998；Tuschke et al.，2014）。因此，我们进一步探讨了焦点企业的知识广度和与合作伙伴的非独立联系的调节作用，认为它们应该影响企业充分利用网络组成多样性的程度。

1. 焦点企业知识广度的调节作用

知识广度反映了企业知识库包含不同领域的程度（Wu and Shanley，2009）。我们认为焦点企业的知识广度从两个方面削弱了合作伙伴的中心度多样性对焦点企业创新绩效的影响。

第一，一个拥有广泛知识基础的企业通过其广泛的知识探索积累了跨各种学科的专有技术（Prabhu et al.，2005）。由于企业已经拥有关于异质领域的知识，从不同的合作伙伴那里获取额外知识以实现创新成果的边际效益下降（Zhou and Li，2012）。

第二，从占据不同网络位置的合作伙伴那里获得的额外信息会导致拥有广泛知识的企业信息过载。因为企业的认知注意力是一种有限的资源，在太多的想法上工作可能会导致对任何一个个体想法的注意力不足（Laursen and Salter，2006）。此外，用不同的思维方式管理知识和各种关系的复杂性使知识难以被有效地整合和利用。如果不能充分地理解和利用所获得的知识，合作伙伴中心度多样性对焦点企业创新绩效的积极作用就会被削弱。

假设2：中心企业的知识广度削弱了合作伙伴中心度多样性与焦点企业创新绩效的正向关系。

2. 非独立关系的调节作用

公司董事可以担任执行董事，也可以担任不具有管理职能的独立董事。当两家公司的董事会出现一位共同的执行董事时，就建立了一种非独立的联系。我们认为焦点企业与其网络伙伴之间的非独立关系比例增强了伙伴的中心度多样性对焦点企业创新的正向作用，原因有三：①寻找新知识需要时间、成本和精力。因此，并非所有连锁董事都有同样的动机从连锁企业寻找新知识。执行董事有很强的动机从网络伙伴那里寻找和获取新知识（Shropshire，2010）。②非独立的关系有助于从伙伴那里吸收不同的知识。当一个人在焦点企业担任非独立董事时，他或她对领域相关专业知识的熟悉，保证了其将来自连锁企业的新信息结合起来达到创新成果的能力（Haunschild，1993）。③非独立的关系也在很大程度上决定了从伙伴那里获得知识。如果一个人在连锁企业中担任非独立董事，有更多的机会获得第一手信息，可以为焦点企业带来有价值的知识和资源（Tuschke et al.，2014）。这样的第一手信息是高质量的、细粒度的、可信的，更容易被利用（Nisbett and Ross，1980）。此外，作为焦点公司的管理董事，他或她在决策过程中也有更大的影响力，因此从不同伙伴那里获得的知识更有可能被焦点公司重视和采用。

因此，如果一个人在一家公司或两家公司担任独立董事，将处于一个不利的地位，因为只能从局外人的角度获得第二手信息，并且从合作伙伴那里调动资源从事创新活动的动机和能力较低。因此，我们认为焦点企业与连锁伙伴之间的非独立关系的比例正向调节网络伙伴的中心度多样性与企业创新之间的关系。

假设3：非独立关系的比例强化了网络伙伴的中心度多样性与焦点企业创新绩效之间的正向关系。

3.3 方法

3.3.1 样本和数据收集

为了验证我们的假设，我们从中国经济金融研究数据库（CSMAR）中收集了2000—2016年我国制造业上市公司的样本。CSMAR是上海证券交易所和深圳证券交易所上市公司的主要信息来源。制造业为我们的研究提供了一个极好的背景，原因有二：①创新对制造企业很重要（Tang et al.，2015；Wadhwa and Kotha，2006）。为了应对快速变化的环境要求和技术变化，制造企业必须制定创新相关战略，提高创新能力，进一步增强竞争力。产品创新和相关专利是制造企业比服务企业等其他行业的企业更重要的战略工具（clodt et al.，2006；Hipp and Grupp，2005；Yu et al.，2018）。因此，制造企业通常在创新活动中投入更多的资源，在专利申请方面也更积极（Bartos，2007；Hu and Jefferson，2009）。②连锁董事网络是制造企业从外部合作伙伴获得信息和知识的重要渠道（Burt，1980）。网络伙伴之间的差异可以在制造业中观察到，并使我们能够研究企业的创新绩效如何随网络伙伴的中心度多样性而变化。因此，制造业提供了一个特别合适的环境来检验我们的假设。为了消除反向因果关系，我们将所有自变量滞后了一年。因此，如果下一年的创新绩效变量不可用，我们就排除了公司的年度观察。我们获得了1993家公司的样本，有17384个观察值。在这1993家公司中，148家公司在研究期间只有一次观察，87家公司没有专利。根据之前的研究，我们从样本中删除了这些公司（Caner et al.，2017）。在排除了没有连锁关系和其他缺失值的公司后，最终样本由12790个公司年度观察组成，其中包括1635家公司。

3.3.2 测量

1. 因变量

创新绩效。先前的研究表明，专利是衡量公司创新绩效的合适代理（Sytch and Tatarynowicz，2014；Vasudeva et al.，2013）。通过检索和审查授予程序，只有当发明被确认为新颖、发明和行业适用时，专利才会被授权（Guellec and Potterie，2000）。根据之前的研究（Schilling and Phelps，2007；Sunder et al.，2017；Tang et al.，2015；Wadhwa and Kotha，2006），我们通过每家公司在特定年份成功申请专利的数量来衡量每家公司的创新绩效。由于与授权日期相比，申请日期更接近实际的创新时间，我们使用申请年将所有授予的专利分配给给定年份的每个公司（Griliches，1990；Griliches et al.，1987）。由于专利申请平均需要两年的时间才能获得授权，我们在2016年底停止了观察期，为专利申请的授权留出了足够的时间（Hall et al.，2001；Sunder et al.，2017）。

2. 解释变量

为了衡量焦点企业与其网络伙伴的网络特征，包括伙伴的中心度多样性和非独立关系的比例，我们首先基于 CSMAR 数据库 2000—2015 年的董事信息构建了连锁董事网络。我们基于 2000—2015 年样本中所有公司每年的连锁董事构建了一个矩阵 $\mathbf{R}_t$。

在建立了每年所有企业之间的连锁网络之后，我们计算了网络中每个企业的网络中心度。程度中心度，主要关注直接合作伙伴（Beckman et al., 2004; Everett and Borgatti, 2005; Freeman, 1979），是检验我们论点的合适的测量。因此，我们通过计算每年与焦点企业连锁的企业总数来衡量每个企业的程度中心度。在我们的样本中，中心度的平均值为 4.15，方差为 8.22。在我们的样本中，超过 50% 的观测值的中心度是 1~3。具体而言，17.61%、17.19% 和 15.5% 的观测值的程度中心度分别为 1、2 和 3。约 37.36% 的观测值的程度中心度为 4~7。其余观测值（12.35%）的程度中心度范围为 8~21。

网络伙伴的中心度多样性。在本研究中，我们通过考虑网络伙伴的中心度多样性来捕捉公司二阶社会资本的价值。这一衡量方法基于赫芬达尔—赫希曼指数（Blau, 1977），公式为：网络伙伴的中心度多样性 = $1 - \sum_{i}^{N}(P_i)^2$，其中 P_i 是所有中心度水平为 i 的网络伙伴所占的比例，N 是连锁网络伙伴中不同中心度水平的总数。例如，某企业有 5 个连锁伙伴，其中一个伙伴的程度中心度为 2，两个伙伴的程度中心度为 4，两个伙伴的程度中心度为 5，则该企业网络伙伴的中心度多样性得分为 [1-(1/5)^2-(2/5)^2-(2/5)^2] = 0.64。另一种情况是，如果四个伙伴的程度中心度为 2，一个伙伴的程度中心度为 4，则得分为 [1-(4/5)^2-(1/5)^2] = 0.32，表明网络伙伴之间的中心度多样性水平相对较低。如果所有合作伙伴占据相同水平的中心度，则多样性趋于 0，如果合作伙伴在较大范围的中心度上分布更均匀，则多样性趋于 1，表明中心度多样性水平较高。

样本中大多数企业拥有两种不同中心度水平的网络伙伴（20.84%）。约20.05%、18.77%、15.42%的企业观测值的网络伙伴具有1、3、4种不同的中心度水平。其余的观察值（24.92%），伙伴的中心度类型在5~14种。这种分布表明网络伙伴具有不同的中心度，为我们探索二阶社会资本提供了条件。

3. 调节变量

知识广度。我们根据每年专利在不同知识领域的分布来衡量每个公司的知识广度（Birkinshaw et al.，2002；Zhang and Baden-Fuller，2010；Bellamy et al.，2014）。长期以来，学者们一直使用专利数据表征企业知识，特别是在从事创新和专利申请的行业（Rothaermel and Deeds，2004；Zhang，2016）。每家公司专利的专利分类信息暗示了知识的特定领域性质。因此，我们通过使用国际专利分类（IPC）来识别特定的知识领域。根据之前的研究使用子类级别（即4位IPC）衡量专业性的水平（Prabhu et al.，2005），我们用每家公司每年专利申请所涵盖的独特专利子类的数量衡量知识广度。

非独立关系的比例。如果连锁董事在焦点企业及其连锁企业中均不担任独立董事，则连锁董事被定义为非独立董事。我们通过将焦点公司与其连锁网络伙伴之间的非独立伙伴数量除以每家公司每年的连锁伙伴总数来衡量每家公司的非独立关系比例。我们还使用了焦点企业的非独立关系总数来检验假设，结果保持一致。

4. 控制变量

我们在分析中控制了可能影响企业创新绩效的因素。首先，我们控制了公司层面的因素，包括公司规模（公司总销售额的对数）、公司年龄（公司成立的年数）、公司绩效（ROA）和国有企业（如果公司是国有企业，则编号为1，否则为0）。先前的研究表明，大公司通常拥有更多的资源和市场力量来发展创新（Ahuja et al.，2008）。对于变革的僵化导致老公司往往创新较少（Demirkan and Demirkan，2012）。绩效可以影响企业从事创新等冒险活动的动机（Bolton，1993；Greve，2003）。国有企业具有从事创新活动的稀缺资源以及政治合法性（Cull et al.，2015；Peng and Luo，2000）。其次，为了解释管理层特征对创新绩效的影响，我们控制了 CEO 年龄（CEO 出生的年数）、高管团队规模（高管团队中的个人数量）和董事会独立性（董事会中独立董事的比例）。CEO 年龄可能会影响参与创新活动的动机（Finkelstein and Hambrick，1990）。高管团队成员负责战略制定和实施，因此会影响创新活动的决策（Siegel and Hambrick，2005）。独立董事在监督高层管理人员的战略决策和行动，包括创新活动方面发挥着重要作用（Crossan and Apaydin，2010；Finkelstein and D'Aveni，1994）。我们还控制了行业竞争力和区域创新，以解释行业层面和区域层面的影响。我们用 1 减去行业集中度来衡量行业竞争力。我们通过使用前五大企业集中度来计算行业集中度，即每个制造行业中每年前五大企业的市场份额之和（Drucker，2015）。行业集中度值越低，行业竞争力越强（Zhao and Zou，2002）。区域创新是通过计算每个地区授权专利总数的对数来衡量的。最后，为了控制任何未测量的特定时期和特定行业的影响，我们加入了年份和行业虚拟变量。

3.3.3 分析

鉴于我们的因变量——创新绩效——是一个计数变量，只取非负整数值，我们需要使用非线性回归来避免异方差的非正态残差（Hausman et al.，1984）。我们选择负二项式模型而不是泊松模型来解决过度分散的问题，因为我们的因变量的方差超过了它的均值。由于同一时期内一家公司存在多个观测值，我们使用固定效应模型来解决潜在的相互依赖问题（Yang et al.，2011）。我们进行了霍斯曼（1978）检验，以检查固定效应模型和随机效应模型哪个更合适，结果推荐了固定效应模型。因此，我们采用固定效应负二项回归模型进行估计。

3.4 结果

表 3-1 给出了本研究中所有变量的描述性统计和相关性。为了检查多重共线性，我们估计了每个变量的方差膨胀因子（VIF）。所有变量的平均 VIF 为 1.22，最大 VIF 为 1.5，低于建议的上限 10，这表明多重共线性在本研究中不存在（Kleinbaum et al.，1988）。

表 3-2 为固定效应负二项回归结果。模型 1 包括控制变量和两个调节变量。模型 2 添加了自变量。模型 3、模型 4 分别添加了交互项。模型 5 是包含所有变量和交互项的完整模型。我们在生成交互项之前对解释变量进行标准化，以减少回归分析中主变量和交互变量之间潜在的多重共线性问题（Aiken et al.，1991）。模型 1 的结果表明，企业规模越大、年龄越小、绩效越好、CEO 越年轻、竞争力水平较低行业和创新水平较高地区的国有企业创新绩效越好。

假设 1 认为网络伙伴的中心度多样性正向影响焦点企业的创新绩效。在模型 2 中，合作伙伴的中心度多样性系数为正且显著（$\beta=0.087$，$p<0.01$），支持假设 1。在非线性模型中，很难从回归结果中解释估计的系数，因为一个自变量的边际效应既取决于自变量的系数，也取决于所有自变量的值（Hoetker，2007；Yan and Chang，2018；Zelner，2009）。为了检验其经济意义，我们在保持所有其他变量为均值的情况下，在均值和高于均值一个标准差的情况下检验了合作伙伴的中心度多样性的边际效应（Li et al.，2018）。合作伙伴的中心度多样性每增加一个标准差，创新绩效就会增加 2.5%。

假设 2 表明，焦点企业的知识广度降低了合作伙伴中心度多样性与焦点企业创新绩效之间的正向关系。在模型 3 中，知识广度对合作伙伴

表 3-1 描述性统计和相关性

变量	1	2	3	4	5	6	7	8	9	10	11	12	13
1. 创新绩效	1.000												
2. 伙伴的中心度多样性	0.081	1.000											
3. 知识广度	0.493	0.179	1.000										
4. 非独立关系的比例	−0.003	−0.200	−0.027	1.000									
5. 企业规模	0.266	0.195	0.492	−0.022	1.000								
6. 企业年龄	0.061	0.191	0.160	−0.093	0.198	1.000							
7. 企业绩效	0.014	0.022	0.015	−0.010	0.006	−0.014	1.000						
8. 国有企业	0.026	0.047	0.112	0.056	0.268	0.116	−0.045	1.000					
9. CEO 年龄	0.030	0.055	0.099	−0.017	0.133	0.123	0.008	0.080	1.000				
10. 高管团队规模	0.139	0.093	0.213	0.002	0.264	0.010	0.004	0.116	0.089	1.000			
11. 董事会独立性	0.051	0.249	0.145	−0.366	0.098	0.209	0.011	0.045	0.074	0.022	1.000		
12. 行业竞争力	−0.042	−0.057	−0.105	0.003	−0.047	−0.066	0.001	0.046	−0.07	−0.004	−0.063	1.000	
13. 区域创新	0.111	0.281	0.262	−0.222	0.126	0.313	0.040	−0.191	0.140	0.023	0.374	−0.161	1.000
平均值	47.073	0.534	10.21	0.173	21.063	12.031	0.042	0.432	47.15	6.415	0.355	0.249	7.87
标准差	249.565	0.292	16.442	0.289	1.426	5.282	0.232	0.495	6.611	2.373	0.085	0.059	1.694

注：N=12790；相关系数的绝对值大于或等于 0.02 在 0.05 的水平上显著。

表 3-2　针对创新绩效的固定效应负二项回归模型的结果

解释变量	结果变量：企业创新绩效				
	模型 1	模型 2	模型 3	模型 4	模型 5
企业规模	0.117***	0.114***	0.114***	0.114***	0.114***
	(0.011)	(0.011)	(0.011)	(0.011)	(0.011)
企业年龄	-0.010***	-0.010***	-0.010***	-0.010***	-0.010***
	(0.003)	(0.003)	(0.003)	(0.003)	(0.003)
企业绩效	0.076***	0.075***	0.076***	0.076***	0.076***
	(0.020)	(0.021)	(0.021)	(0.020)	(0.020)
国有企业	0.058*	0.058*	0.053*	0.058*	0.054*
	(0.032)	(0.032)	(0.032)	(0.032)	(0.032)
CEO 年龄	-0.005***	-0.005***	-0.005***	-0.005***	-0.005***
	(0.002)	(0.002)	(0.002)	(0.002)	(0.002)
高管团队规模	-0.003	-0.003	-0.003	-0.003	-0.003
	(0.004)	(0.004)	(0.004)	(0.004)	(0.004)
董事会独立性	0.040	0.012	0.045	0.020	0.051
	(0.142)	(0.142)	(0.143)	(0.142)	(0.143)
行业竞争力	-0.333*	-0.328*	-0.365**	-0.316*	-0.353**
	(0.180)	(0.180)	(0.180)	(0.180)	(0.180)
区域创新	0.141***	0.141***	0.139***	0.141***	0.140***
	(0.014)	(0.014)	(0.014)	(0.014)	(0.014)
知识广度	0.015***	0.015***	0.238***	0.015***	0.238***
	(0.001)	(0.001)	(0.008)	(0.001)	(0.008)
非独立关系的比例	-0.042	-0.031	-0.033	0.003	0.003
	(0.038)	(0.038)	(0.038)	(0.012)	(0.012)
伙伴的中心度多样性		0.087***	0.038***	0.026***	0.039***
		(0.033)	(0.010)	(0.010)	(0.010)
伙伴的中心度多样性*知识广度			-0.016***		-0.016***
			(0.004)		(0.004)
伙伴的中心度多样性*非独立关系的比例				0.019**	0.019**
				(0.009)	(0.009)
常数项	-3.973***	-3.946***	-3.711***	-3.867***	-3.681***
	(0.278)	(0.279)	(0.282)	(0.280)	(0.282)
Wald chi^2	7004.94***	7012.34***	7021.40***	7019.34***	7027.97***
Log likelihood	-36275.538	-36272.046	-36264.792	-36269.652	-36262.332

注：$N=12790$；
年份和行业虚拟变量包括在内；
显著性水平：*$p<0.10$，**$p<0.05$，***$p<0.01$；
括号中为标准误差。

43

中心度多样性和创新绩效关系的调节系数为负且显著（$\beta = -0.016$，$p < 0.01$），支持假设2。

假设3表明，非独立关系的比例增强了合作伙伴中心度多样性与焦点企业创新绩效之间的正向关系。在模型4中，非独立关系的比例对合作伙伴中心度多样性和创新绩效关系的调节作用系数为正且显著（$\beta = 0.019$，$p < 0.05$），支持假设3。

为了证明研究结果的稳健性，我们还进行了如下分析：

第一，我们的分析可能会受到内生性问题的影响，因为公司可能不会随机选择网络合作伙伴。企业倾向于选择有利于自身创新绩效的合作伙伴（Beckman et al.，2004），而在连锁董事网络中选择中心度较高或较低的合作伙伴对网络合作伙伴的中心度多样性有重要影响（Beckman et al.，2004），这可能会导致自选择偏差。为了解决这个问题，我们采用了Heckman两阶段估计方法（Heckman，1979）。在第一阶段，我们运行probit模型来预测具有高中心度伙伴的可能性（如果焦点企业至少有一个伙伴的网络中心度高于该企业，则编码为1，如果所有伙伴的网络中心度都低于该企业，则编码为0）。在第一阶段模型中，我们将同一行业中其他公司的中心度多样性作为工具变量，这可能会影响拥有高中心度合作伙伴的可能性，但不太可能影响焦点公司的创新绩效（两者都得到了实证证实）。伙伴中心度多样性代表了焦点企业在建立网络关系时的选择和参照。因此，在同行中具有较高中心度多样性的企业，在接触具有不同中心度水平的潜在合作伙伴时，会增强其选择中心合作伙伴的动机和机会。两步估计结果如表3-3所示。正如预期的那样，所提出的工具变量——行业中心度多样性，对选择具有更高中心度的合作伙伴的概率有积极而显著的影响（$\beta = 0.734$，$p < 0.001$）。我们在第二阶段模型中加入了从第一阶段模型中计算出来的逆米尔斯比率作为控制变量来预测我们的假设（Hamilton and Nickerson，2003），结果保持一致。

表 3-3 稳健性分析 1：Heckman 两阶段模型结果

解释变量	高中心度伙伴 模型 1	结果变量：企业创新绩效					
		模型 2	模型 3	模型 4	模型 5	模型 6
企业规模	−0.015 (0.013)	0.109*** (0.011)	0.106*** (0.011)	0.106*** (0.011)	0.106*** (0.011)	0.106*** (0.011)
企业年龄	−0.000 (0.004)	−0.010*** (0.003)	−0.010*** (0.003)	−0.010*** (0.003)	−0.011*** (0.003)	−0.010*** (0.003)
企业绩效	0.080 (0.124)	0.091*** (0.020)	0.091*** (0.020)	0.091*** (0.020)	0.091*** (0.020)	0.092*** (0.020)
国有企业	−0.041 (0.036)	0.032 (0.033)	0.032 (0.033)	0.028 (0.033)	0.032 (0.033)	0.028 (0.033)
CEO 年龄	−0.002 (0.002)	−0.006*** (0.002)	−0.006*** (0.002)	−0.006*** (0.002)	−0.006*** (0.002)	−0.006*** (0.002)
高管团队规模	−0.003 (0.007)	−0.005 (0.004)	−0.005 (0.004)	−0.004 (0.004)	−0.005 (0.004)	−0.004 (0.004)
董事会独立性	−0.336 (0.247)	−0.160 (0.154)	−0.187 (0.154)	−0.154 (0.154)	−0.178 (0.154)	−0.147 (0.154)
行业竞争力	0.228 (0.258)	−0.255 (0.181)	−0.250 (0.181)	−0.288 (0.181)	−0.238 (0.181)	−0.277 (0.181)

续表

结果变量：企业创新绩效

解释变量	高中心度伙伴 模型 1	模型 2	模型 3	模型 4	模型 5	模型 6
区域创新	0.029** (0.013)	0.158*** (0.015)	0.158*** (0.015)	0.156*** (0.015)	0.158*** (0.015)	0.156*** (0.015)
知识广度	−0.002 (0.001)	0.014*** (0.001)	0.014*** (0.001)	0.225*** (0.009)	0.014*** (0.001)	0.225*** (0.009)
非独立关系的比例	−0.007 (0.055)	−0.043 (0.038)	−0.032 (0.038)	−0.033 (0.038)	0.003 (0.012)	0.003 (0.012)
行业中心度多样性	0.734*** (0.281)					
伙伴的中心度多样性			0.086*** (0.033)	0.038*** (0.010)	0.026*** (0.010)	0.039*** (0.010)
伙伴的中心度多样性 * 知识广度				−0.016*** (0.004)		−0.016*** (0.004)
伙伴的中心度多样性 * 非独立关系的比例					0.019** (0.009)	0.019** (0.009)
逆米尔斯比率		2.147*** (0.631)	2.133*** (0.631)	2.127*** (0.632)	2.131*** (0.632)	2.122*** (0.633)

续表

解释变量	高中心度伙伴		结果变量：企业创新绩效			
	模型 1	模型 2	模型 3	模型 4	模型 5	模型 6
常数项	-0.326 (0.339)	-5.881*** (0.632)	-5.840*** (0.632)	-5.607*** (0.635)	-5.758*** (0.632)	-5.571*** (0.635)
LR chi²	758.75***	—	—	—	—	—
Wald chi²	—	7008.68***	7016.36***	7025.61***	7023.80***	7032.78***
Log likelihood	-4333.8816	-36270.024	-36266.6	-36259.383	-36264.229	-36256.96

注：N=12790；
年份和行业虚拟变量包括在内；
显著性水平：* p<0.10，** p<0.05，*** p<0.01；
括号中为标准误差。

第二，我们对因变量进行对数变换，以避免高度偏倚，然后使用具有固定效应的 OLS 回归估计我们的模型。结果与我们的假设一致（见表 3-4）。

表 3-4 稳健性分析 2：针对创新绩效的固定效应普通最小二乘回归模型的结果

解释变量	模型 1	模型 2	模型 3	模型 4	模型 5
企业规模	0.194***	0.192***	0.191***	0.193***	0.192***
	(0.014)	(0.014)	(0.014)	(0.014)	(0.014)
企业年龄	0.006	0.006	0.006	0.006	0.006
	(0.007)	(0.007)	(0.007)	(0.007)	(0.007)
企业绩效	0.060*	0.059*	0.059*	0.060*	0.060*
	(0.033)	(0.033)	(0.033)	(0.033)	(0.033)
国有企业	0.143***	0.144***	0.145***	0.141***	0.142***
	(0.044)	(0.044)	(0.043)	(0.044)	(0.043)
CEO 年龄	−0.005***	−0.005***	−0.005***	−0.005***	−0.005***
	(0.002)	(0.002)	(0.002)	(0.002)	(0.002)
高管团队规模	0.011**	0.010**	0.011**	0.010**	0.011**
	(0.005)	(0.005)	(0.005)	(0.005)	(0.005)
董事会独立性	0.051	0.036	0.054	0.039	0.056
	(0.166)	(0.166)	(0.166)	(0.166)	(0.166)
行业竞争力	0.088	0.085	0.081	0.093	0.089
	(0.190)	(0.190)	(0.190)	(0.190)	(0.190)
区域创新	0.166***	0.166***	0.167***	0.167***	0.167***
	(0.032)	(0.032)	(0.032)	(0.032)	(0.032)
知识广度	0.030***	0.030***	0.471***	0.029***	0.470***
	(0.001)	(0.001)	(0.015)	(0.001)	(0.015)
非独立关系的比例	−0.070*	−0.063	−0.063	0.001	0.000
	(0.041)	(0.041)	(0.041)	(0.015)	(0.015)
伙伴的中心度多样性		0.071**	0.022**	0.021**	0.023**
		(0.036)	(0.010)	(0.010)	(0.010)

续表

解释变量	结果变量：企业创新绩效（对数）				
	模型1	模型2	模型3	模型4	模型5
伙伴的中心度多样性 * 知识广度			-0.043*** (0.010)		-0.042*** (0.010)
伙伴的中心度多样性 * 非独立关系的比例				0.021** (0.009)	0.020** (0.009)
常数项	-3.833*** (0.367)	-3.821*** (0.367)	-3.486*** (0.369)	-3.776*** (0.367)	-3.482*** (0.369)
F	239.37***	231.58***	225.11***	224.39***	218.31***

注：$N=12790$；
年份和行业虚拟变量包括在内；
显著性水平：$*p<0.10$，$**p<0.05$，$***p<0.01$；
括号中为标准误差。

第三，基于之前调查外部知识获取和创新之间的关系的研究（Berchicci，2013；Grimpe and Kaiser，2010），伙伴之间的合作可能需要很长时间才能对企业创新产生影响。为了解决这一问题，我们构建了另一种衡量因变量的方法，即接下来两年的成功专利申请数量，它捕捉了"累积"创新绩效。我们重新运行回归并获得了一致的结果（见表3-5）。

表3-5 稳健性分析3：创新绩效的替代测量

解释变量	结果变量：企业创新绩效				
	模型1	模型2	模型3	模型4	模型5
企业规模	0.096*** (0.010)	0.095*** (0.010)	0.093*** (0.010)	0.095*** (0.010)	0.093*** (0.010)
企业年龄	-0.015*** (0.003)	-0.015*** (0.003)	-0.015*** (0.003)	-0.016*** (0.003)	-0.015*** (0.003)
企业绩效	0.058*** (0.018)	0.057*** (0.018)	0.057*** (0.018)	0.059*** (0.018)	0.058*** (0.018)

续表

解释变量	结果变量：企业创新绩效				
	模型 1	模型 2	模型 3	模型 4	模型 5
国有企业	-0.005 (0.031)	-0.005 (0.031)	-0.008 (0.031)	-0.004 (0.031)	-0.007 (0.031)
CEO 年龄	-0.004*** (0.002)	-0.004*** (0.002)	-0.004*** (0.002)	-0.004*** (0.002)	-0.004*** (0.002)
高管团队规模	-0.004 (0.004)	-0.004 (0.004)	-0.003 (0.004)	-0.004 (0.004)	-0.003 (0.004)
董事会独立性	0.007 (0.145)	-0.005 (0.145)	0.011 (0.146)	-0.005 (0.145)	0.009 (0.145)
行业竞争力	-0.189 (0.159)	-0.191 (0.159)	-0.207 (0.159)	-0.177 (0.158)	-0.193 (0.158)
区域创新	0.140*** (0.014)	0.140*** (0.014)	0.139*** (0.014)	0.141*** (0.014)	0.139*** (0.014)
知识广度	0.011*** (0.001)	0.011*** (0.001)	0.179*** (0.009)	0.011*** (0.001)	0.178*** (0.009)
非独立关系的比例	-0.040 (0.035)	-0.033 (0.035)	-0.033 (0.035)	0.008 (0.012)	0.008 (0.012)
伙伴的中心度多样性		0.059* (0.031)	0.024** (0.009)	0.018** (0.009)	0.024*** (0.009)
伙伴的中心度多样性 * 知识广度			-0.011*** (0.004)		-0.011** (0.004)
伙伴的中心度多样性 * 非独立关系的比例				0.026*** (0.008)	0.025*** (0.008)
常数项	-3.220*** (0.262)	-3.215*** (0.262)	-3.031*** (0.265)	-3.126*** (0.263)	-2.979*** (0.265)
Wald chi^2	7086.95***	7093.01***	7101.88***	7105.60***	7113.69***
Log likelihood	-36974.862	-36973.016	-36969.631	-36967.752	-36964.644

注：$N=12790$；
年份和行业虚拟变量包括在内；
显著性水平：* $p<0.10$，** $p<0.05$，*** $p<0.01$；
括号中为标准误差。

3.5 结论与启示

3.5.1 主要结论

本研究的主要目的是证明连锁伙伴网络结构的多样性如何影响企业创新，以及焦点企业的知识广度和连锁关系如何改变这种影响。研究结果表明，考虑合作伙伴的中心度多样性有助于揭示连锁网络在促进焦点企业创新绩效中的作用。具体而言，连锁伙伴中心度多样性水平越高的企业创新绩效越好。此外，焦点企业的知识广度削弱了合作伙伴中心度多样性与创新绩效之间的正相关关系，而焦点企业与其网络伙伴之间的非独立联系比例则增强了这种正相关关系。

3.5.2 理论意义

在本研究中，我们通过探索合作伙伴的网络结构对焦点企业创新绩效的影响来推进创新文献。以往关于企业间网络与企业创新关系的研究主要集中在焦点企业的网络结构和直接合作伙伴带来的利益（Srinivasan et al., 2018）。通过提供伙伴网络位置多样性影响的实证证据，我们强调了伙伴网络结构，特别是伙伴之间的组成和平衡在影响焦点企业创新绩效方面的重要性。

我们通过探索网络伙伴中心度多样性的影响，为二阶社会资本的研究做出了贡献。以往对二阶社会资本的研究主要集中在个人层面，研究对象要么是伙伴网络结构的平均水平，要么是占据特定位置的伙伴（如中间人或领导者）。然而，我们对合作伙伴之间网络结构组成的影响知之甚少。通过论证具有不同中心度水平的合作伙伴可以使焦点企业获得最高的创新效益，我们强调了合作伙伴中心度的这种效益不是普遍一致的，而是取决于合作伙伴之间的中心度异质性。研究发现，网络伙伴间的中心度多样性可以通过整合隐性知识和新知识、发散思维方式、创造合法性和获得伙伴支持来促进焦点企业的创新。

通过探索焦点企业的知识广度和焦点企业与连锁伙伴之间非独立联系的比例对网络伙伴中心度多样性与企业创新关系的调节效应，我们可以更深入地理解二阶社会资本的价值，从而帮助企业充分利用伙伴的中心度多样性来提高企业创新绩效。虽然合作伙伴中心度的多样性影响了网络中可用知识的相对新颖性，以及企业识别、吸收和利用这些知识的难易程度，但焦点企业的知识广度及其与合作伙伴的非独立联系影响了其获取、动员和整合合作伙伴知识的能力——这对企业从不同层次的网络中心度中获益的能力具有重要影响。

大多数研究中隐含的假设是，所有董事会连锁对企业学习的影响是相同的（Haunschild，1993；Palmer et al.，1993）。我们通过考虑连锁董事网络影响的异质性对现有文献做出了贡献。我们认为担任非独立董事的个人可以促进焦点公司充分利用伙伴的网络资源促进创新。尽管独立董事已被证明是管理股东利益的监督者（Clarke，2006，2007），但目前的研究表明，他们在董事会内部传递知识和从伙伴的网络中获得利益方面效率低下。对于知识广度，以往的研究主要集中在其对创新的积极作用（Wu and Shanley，2009），因为它代表了内部探索过程。然而，我们通过探索知识广度在发挥合作伙伴网络中心度多样性作用方面的影响，为现有文献做出了贡献。特别是，考虑到来自不同网络伙伴的潜在信息过载，我们展示了知识广度的无用性甚至负面影响。

3.5.3 管理启示

这项研究对管理者也很重要，因为了解企业可以从中受益的网络构成类型，可以使管理者进一步促进有效合作，并识别和留住对这种构成至关重要的合作伙伴。在本研究中,我们发现解决伙伴网络中心度冲突效应的一种方法是构建由中心成员和非中心成员组成的平衡网络。具体而言,企业应与具有多元化网络中心的合作伙伴保持关系,以获得多元化的知识、发散的思维方式以及合法性和支持,这有利于企业创新。

此外,企业应该认识到知识库的潜在负面影响。研究结果表明,知识基础的广度降低了合作伙伴中心度多样性的收益,因为广泛的知识领域加剧了来自不同合作伙伴的知识过载。因此,管理者应该仔细评估和平衡内部探索和从外部网络获取多样化的知识。我们还发现,当公司通过非独立董事维持连锁关系时,公司可以从多元化的伙伴中获益最多。管理者可以提供可靠的信息,促进焦点企业采用这些知识,从而从合作伙伴那里获得利益。因此,焦点企业应充分发挥管理者的作用,建立外部关系,调动和整合网络中的新知识,促进创新。

3.5.4 局限性和未来研究

尽管这项研究有重要贡献,但也有一些局限性。

第一,尽管我们假设知识多样性和发散性思维方式是从合作伙伴的中心度多样性中获得创新收益的主要机制,但本研究中使用的档案数据无法为我们假设的因果过程和机制提供直接证据。我们关于网络效应的假设依赖于一个公认的论点,即企业间网络促进知识转移,包括技术、市场和管理知识(Sammarra and Biggiero,2008),进而促进创新。然而,这些数据并不能让我们观察到焦点企业和连锁网络中的合作伙伴之间的知识获取。虽然结果与理论预期一致,但为了验证本研究的因果推论,还需要更好地理解间接网络结构的潜在机制。例如,纵向定性研究应探究连锁伙伴的网络中心度如何产生社会资本等潜在机制;这些资本如何影响知识转移和创新;不同类型的知识如何从不同的合作伙伴以不同的方式转移。

第二，我们使用专利数据作为创新绩效的代理。因为专利可能只捕获了公司创新绩效的一部分，特别是以专利形式明确显示的容易编码的知识，我们的研究结果不包括非编码的知识（Lin and Wu，2010）。因此，我们可能低估了网络伙伴的中心度多样性在促进企业创新方面的好处。然而，我们的研究结果仍然是可靠的，并朝着预期的方向发展。此外，由于我们没有观察到的原因，某些行业的公司可能会比其他公司申请更多的专利（Wadhwa and Kotha，2006）。我们选择制造业作为我们的研究背景，因为制造企业通常在创新活动中投入更多的资源，并且比其他行业的企业更积极地申请专利（Bartos，2007；Hu and Jefferson，2009）。我们使用固定效果模型也有助于克服这一限制。另一个相关的限制是，专利数量反映了网络联系的创新成果，但无法显示使知识流动的潜在机制（Almeida and Phene，2004）。未来的研究应该检验我们的发现在创新的其他方面（例如，新产品引进）和其他行业的普适性。

第三，我们只研究了非独立联系的调节作用，而没有考虑连锁董事的其他特征，如人口特征或社会地位，这些特征会影响学习行为（Shropshire，2010）。因此，未来的研究可以探索其他连锁关系特征的影响。

第四，我们在我国上市公司的背景下检验了这些预测。我国作为最大的新兴经济体，为探索创新的前因结果提供了肥沃的土壤。然而，我国和西方国家已被证明具有不同的文化价值观（Hofstede et al.，2005；Xiao and Tsui，2007）。因此，未来的研究可能会通过将样本扩大到其他国家，并探索网络组成的潜在机制，来考虑文化特异性的程度。

4

连锁董事网络中的财务违规传染:
网络地位的情境作用

4.1 研究简介

学者们对财务违规等企业不当行为给予了极大的关注，因为它会极大地伤害利益相关者和社会（Davidson and Worrel, 1988; Greve et al., 2010）。越来越多的人认为社会互动可以影响战略决策，这促使研究人员越来越关注网络伙伴的违规决策如何影响焦点企业的违规行为（Borgatti and Foster, 2003; Kedia et al., 2015）。当一名董事同时在两个或两个以上的董事会任职时，就会建立董事会连锁，并成为传递信息和了解战略问题的重要来源和渠道（Davis and Greve, 1997; Shipilov et al., 2010）。学者们提供充分的证据表明，与其他从事财务违规的企业之间存在连锁关系将使企业更有可能实施财务违规（Bizjak et al., 2009; Brown and Drake, 2014）。然而，一家企业也可能与其他不从事财务违规的企业建立连锁关系，这可能对焦点企业的违规行为产生抑制作用（Chiu et al., 2013; Connelly and Gangloff, 2012）。不幸的是，违规或不违规的行为是否以及在什么情况下更有可能传染其他连锁企业还没有很好地确定。

现有文献认为，企业地位可以影响连锁企业之间的实践扩散（Connelly et al., 2011; Kedia et al., 2015; Shropshire, 2010）。先前的研究表明，地位高的企业通常被视为榜样，因此他们的行为，无论是好是坏，更有可能被地位低的伙伴模仿（Jensen, 2006）。然而，这一研究方向在很大程度上忽视了基于地位的角色期望与良好或有争议的实践之间的契合度，会极大地影响它们的传染性（Lin et al., 2009; Podolny, 1993; Shen et al., 2014）。根据角色理论和地位文献，在特定社会系统中占据不同位置的社会行动者应该有不同的角色和义务（Gould, 2003;

Podolny，2005；Phillips and Zuckerman，2001）。因此，焦点企业会基于地位的角色期望来评估伙伴的行为（Biddle，1986；Merton，1957），这反过来又决定了它们自己的行为。不幸的是，基于地位的角色与不同类型的实践之间的匹配如何影响连锁董事网络中的违规传染，目前尚不完全清楚。因此，我们提出了这样一个问题：焦点企业与连锁伙伴的地位差异如何差异化地影响违规和非违规行为从连锁企业向焦点企业传染？

为了解决这些问题，我们将企业违规行为传染研究与地位文献相结合，提出了一个框架，用于理解焦点企业及其连锁伙伴之间的地位差异以及实践类型（违规或非违规行为）如何影响焦点公司的违规行为。特别是，我们认为，只有当连锁伙伴的实践类型与其在地位层级中的位置不匹配时，实践才能具有信息性，并导致特定实践的扩散。相反，如果连锁伙伴的实践类型与其在地位层级中的位置相匹配，则连锁企业的实践无法产生显著影响。本研究以2005—2014年我国上市公司为样本，检验了我们的观点。本研究将相对地位作为连锁董事网络中违规或非违规行为传染过程的重要因素，为违规行为的传染研究提供了新的视角。

4.2 理论与假设

4.2.1 连锁董事网络与违规传染

连锁董事网络在管理精英之间建立了社会联系，为董事会成员学习战略参照者的实践和建立公认的行为规范提供了有效的手段（Haunschild，1993；Ruigrok et al.，2006）。多项研究发现，财务不当行为，如延迟披露、非法股票回购、重大信息遗漏等，可能通过连锁董事关系传播（Bizjak et al.，2009；Brown and Drake，2014；Connelly and Gangloff，2012）。然而，财务违规在连锁关系之间的传染并不是一成不变的，它取决于不同的条件，包括地位水平和行为类型（Greve et al.，2010）。

1. 地位水平（高与低）

网络地位是指企业在其企业间网络中的地位（Podolny，1993；Washington and Zajac，2005）。由于地位较高的行动者往往更有影响力，因此它们的做法更有可能被接受和模仿（Castellucci and Ertug，2010；Haunschild and Beckman，1998）。例如，Phillips 和 Zuckerman（2001）认为外部评估者更有可能给地位高的企业的战略赋予合法性。Abrahamson（1991）认为，地位高的企业采用的新兴战略更有可能影响企业界的"战略议程"。Connelly 等（2011）认为，与已采取特定战略举措的企业之间有联系，并且联系的企业更接近网络核心，会增加该企业也采取该战略的可能性。

近期的研究强调了相对地位的重要性（Shen et al.，2014）。相互依赖的各方地位水平不对称在社会和组织生活中很常见（Berger et al.，1980）。更清晰的地位层次结构有助于更好地定义相互依赖的企业之间的支配和服从，从而创建一种指导企业互动的秩序（Sutton and Hargadon，1996）。地位差异被证明会影响企业之间的实践扩散（D'Aveni and Kesner，1993），特别是，Shropshire（2010）提出，企业更有可能模仿相对于焦点企业具有更高地位的连锁企业的实践。

2. 行为类型（违规与不违规）

企业不仅可以通过连锁董事关系接触破坏性实践，也可以获得建设性实践（Shropshire，2010）。虽然观察连锁企业中的违规行为可能会影响企业的违规行为，但与不采取违规行为的企业联系可以传达规范性信息以及违规的成本和收益信息（Greve et al.，2010）。现有文献提供了一些初步证据，表明与不采取财务违规的企业之间的连锁关系会对焦点企业的违规行为产生抑制作用（Connelly et al.，2011）。例如，Chiu 和同事（2013）在稳健分析中发现，与不进行盈余管理的企业连锁可以显著降低焦点企业盈余管理的可能性。Connelly 和 Gangloff（2012）表明，与未进行虚假陈述的企业联系可以抑制焦点企业的财务虚假陈述。

虽然以往的研究表明，连锁伙伴的地位水平和行为类型对焦点企业的财务违规都有重要影响，但面对不同地位水平的连锁伙伴的不同行为时，企业如何做出不同的反应，我们知之甚少。我们将角色理论和地位文献相结合，提出焦点企业会对不同地位水平的连锁伙伴的行为做出不同的评价，从而影响焦点企业自身的行为。根据角色理论，一个企业在地位等级中的位置决定了它被期望扮演的角色（Gould，2003；Podolny，1993）。不同层次的地位定义了不同的角色和义务（He and Huang，2011；Podolny，2005），外部观众会评估个体行动者是否以及如何满足他们特定的角色期望（Phillips and Zuckerman，2001）。因此，企业的行为方式应该与他人对其地位的期望相一致。因为公众对地位高的企业的质量往往有更高的期望（Brass et al.，1998；Pfarre et al.，2008），因此它们被期望从事良好的实践，而地位较低的企业则被认为更可能从事有争议的实践（Greve et al.，2010）。鉴于行动者的行为是基于其地位来评估的（Biddle，1986），一个重要的暗示是，当行动者角色设定与角色期望之间不一致时，它的行为是最具信息量的（Jensen et al.，2012）。具体来说，高地位的位置伴随着高质量的期望，这意味着展示高质量的实践提供的额外信息很少，而展示低质量的形象提供更多的信息，因为它与高地位的角色期望不一致（Jensen，2006）。

由于企业可以从不同地位的连锁伙伴接触到不同类型的行为，因此在揭示连锁董事网络中财务违规的复杂扩散过程时，必须同时考虑其相对地位和行为类型。因此，本研究考察了与焦点企业相比，地位不同的连锁伙伴所进行的不同类型的行为（违规或不违规行为）如何影响焦点企业从事财务违规的倾向。

4.2.2 地位差异与财务违规传染

1. 地位较低的伙伴行为的影响

我们首先提出，地位较低的网络伙伴的财务违规不会扩散到焦点企业，但他们的非违规行为会通过连锁关系扩散到焦点企业。焦点企业应该预料到地位较低的伙伴更有可能从事违规行为。如果确实参与了财务违规，则与其地位较低的角色预期是一致的，这将不会向焦点企业传递有效信息。而且，这种行为与焦点企业自身基于地位的角色期望不一致。因此，我们认为地位较低的伙伴的违规行为不会对焦点企业产生影响。

但是，如果地位较低的连锁企业不存在财务违规行为，那么他们的行为与基于地位的角色期望之间就会出现不一致。在这种情况下，我们认为低地位伙伴的良好实践（非违规）将减少焦点企业的违规行为。首先，地位较低伙伴的非违规行为会增加焦点企业对道德行为的感知责任。地位较高的企业总是被期望比地位较低的企业表现得更好（Rhee and Haunschild，2006；Jensen，2006；Jensen et al.，2012）。如果地位较低的连锁企业的行为合乎道德，那么焦点企业就会面临更大的压力，要求它们自身以合乎道德的方式行事。其次，如果地位较低的合作伙伴不参与财务违规，焦点企业感知到的财务违规成本将更高。偏离角色预期更容易被观众注意到，因此地位较高的企业如果被发现从事财务违规行为，可能会受到更严厉的惩罚（Benjamin and Podolny，1999；Jensen，2006；Rhee and Haunschild，2006）。此外，因为地位高的企业有很高的声望，其参与违规行为的不利后果更可能被放大（Connelly and Gangloff，2012）。因此，本研究提出：

假设1a：地位较低的连锁伙伴的违规行为对焦点企业的违规行为没有影响。

假设 1b：地位较低的连锁伙伴的非违规行为对焦点企业的违规行为产生抑制作用。

2. 地位较高的伙伴行为的影响

我们认为，地位较高伙伴的财务违规会传染给焦点企业，但其非违规行为不会通过连锁关系扩散到焦点企业。如果地位较高的连锁企业没有参与财务违规，这种行为与焦点企业对地位较高的合作伙伴的期望一致，但与对自己的期望不一致。因此，我们认为地位较高的连锁企业的非违规行为对焦点企业没有影响。

然而，如果地位较高的连锁企业从事财务违规，其行为与对他们的角色期望之间就会出现不一致。在这种情况下，我们认为，地位较高的连锁伙伴的违规行为将产生重大影响，并增加焦点企业的违规行为。首先，地位较高的企业的财务违规行为将促进这种行为的蔓延，使其成为可接受的行为，导致地位较低的企业模仿。企业更喜欢模仿他们渴望成为的高地位企业（Jensen，2006；Strang and Soule，1998）。当他们被发现从事财务违规时，地位较低的企业可能会将他们作为规范的标准，并且自己也从事财务违规（Gino et al.，2009）。其次，由于地位高的企业通常获得更高的期望，在公众眼中会吸引更多的关注（Rhee and Haunschild，2006），与地位低的企业相比，他们的不道德行为的有害后果可能会被放大（Connelly and Gangloff，2012）。因此，如果地位较高的伙伴从事财务违规，焦点企业可能认为违规的收益高，而被抓住和惩罚的可能性低。因此，本研究提出：

假设 2a：地位较高的连锁伙伴的违规行为对焦点企业的违规行为起到促进作用。

假设 2b：地位较高的连锁伙伴的非违规行为对焦点企业的违规行为没有影响。

4.3 方法

4.3.1 样本和数据收集

研究分析基于 2005—2014 年我国上市公司的信息。数据来自中国经济金融研究数据库（CSMAR）。我们排除金融行业和受到特殊对待的公司，因为这些公司实施违规的动机和能力与其他公司有显著差异（Markóczy et al., 2013）。所有自变量都滞后一年。在排除没有连锁关系和其他缺失数据的公司后，最终样本由 12806 家公司年度观察数据组成。

4.3.2 测量

1. 结果变量

财务违规对实践传染的研究通常集中在特定的实践是否会在企业之间扩散，因此，大多数现有的研究使用二元变量（例如，Bizjak et al., 2009；Kedia et al., 2015）。在本研究中，我们试图揭示董事会连锁之间财务违规的传染过程。因此，我们根据文献构造了一个二元结果变量。如果该公司在当年从事财务违规行为，我们将变量编码为 1，否则为 0。

2. 解释变量

为了捕捉财务违规在连锁企业之间的扩散过程，构建连锁企业网络并识别各企业的网络状态是非常重要的。因此，我们首先建立了基于 CSMAR 数据库 2005—2013 年董事信息的连锁网络。如果两家公司拥有共同的董事，那么它们就被认定为连锁（Cohen et al., 2012）。因此，我们基于 2005—2013 年样本中所有上市公司的董事，构建了连锁网络（矩阵

R_t）。矩阵 R_t 显示了第 t 年每对公司共享董事的数量。

网络地位。根据之前对企业间网络中的企业地位的研究（Ozmel et al., 2013; Shipilova and Li, 2008），我们基于 Bonacich（1987）的特征根向量（EVC）计算了网络地位分数，该度量考虑了焦点企业的所有网络连接，包括直接联系和间接联系。具体而言，EVC 是连锁网络中焦点企业的加权中心度，其中权重是与焦点企业相连的其他企业的中心度（Mariolis and Jones, 1982; Mizruchi and Bunting, 1981）。与中心度较高的合作伙伴有联系的企业具有较高的 EVC。

基于连锁企业的相对地位和行为，我们将连锁伙伴的实践行为分为四种情况，并构建了我们的自变量：①地位较低的连锁伙伴的违规行为，以当年从事财务违规且地位低于焦点公司的连锁企业的数量来衡量；②地位较低的连锁伙伴的非违规行为，以当年不从事财务违规且地位低于焦点企业的连锁企业的数量来衡量；③地位较高的连锁伙伴的违规行为，以当年从事财务违规且地位高于焦点企业的连锁企业的数量来衡量；④地位较高的连锁伙伴的非违规行为，以当年不参与财务违规且地位高于焦点企业的连锁企业的数量来衡量。

3. 控制变量

我们控制了其他可能解释我们结果的因素。①我们控制了 CEO 特征，包括 CEO 性别（如果 CEO 是男性，则编码为 0，否则为 1）和 CEO 年龄（出生年数），这些特征被证明对 CEO 从事财务违规的决定有重要影响（Zahra et al., 2005）。②我们控制了影响企业违规的关键企业层面因素（Mishina et al., 2010），包括企业年龄（成立以来的年数）、企业规模（总资产的对数）、企业绩效（ROA）和企业地位（EVC）。③考虑到董事会对企业不当行为的重要影响，我们控制了董事会特征，包括董事会规模（董事人数）、董事会独立性（独立董事人数除以董事会规模）和董事会所有权（董事会持有的股票比例）（Beasley, 1996）。此外，我们还控制了连锁董事的质量（连锁董事在焦点企业之外的董事会中担任董事的企业总数）。如果焦点企业有一个以上的连锁董事，我们计算其董事职位的平均数量。④我们控制了焦点企业的违规经验（企业从事财务违规的次数）和前一年对高管的处罚（因违规而受到处罚的高管数量），这可能会影响他们在未来几年的违规决策（Yiu et al.，2014）。⑤我们控制了同行业中连锁企业的比例，因为行为的传染可能发生在同行之间（Kedia et al.，2015）。⑥为了控制任何未测量的时间、行业和地区影响，我们控制了年份、行业和省份虚拟变量。

4.3.3 分析

由于因变量是一个二元变量，我们使用逻辑回归来检验假设（Press and Wilson，1978）。我们在行业层面对观察结果进行聚类，以消除潜在的异方差问题（Wooldridge，2002）。

4.4 结果

表4-1给出了变量之间的描述性统计和相关性。为了检查多重共线性，我们计算所有自变量的方差膨胀因子（VIF）。所有变量的平均VIF为1.23，最大VIF为2.08，说明本研究不存在多重共线性问题。

表4-2给出了预测违规传染假设的逻辑回归结果。模型1的结果表明，规模较大、董事会所有权较低、高层管理人员受到更多惩罚的企业不太可能从事财务违规。这些发现与现有文献一致。有趣的是，我们发现董事会规模越大的公司更容易发生财务违规，这与董事会的监督作用相矛盾。这种不一致的一个可能的原因可能是董事会中更多的董事会导致依赖其他董事和参与不足的机会主义行为（Persons，2006）。

4 连锁董事网络中的财务违规传染：网络地位的情境作用

表 4-1 描述性统计和相关性

变量	1	2	3	4	5	6	7	8	9	10	11	12	13	14	15	16	17	18
1. CEO 性别	1.00																	
2. CEO 年龄	-0.02	1.00																
3. 企业年龄	0.01	0.10	1.00															
4. 企业规模（对数）	-0.04	0.17	0.11	1.00														
5. 企业绩效	0.03	-0.00	-0.00	0.01	1.00													
6. 企业地位	-0.02	0.02	0.03	0.04	-0.00	1.00												
7. 董事会规模	-0.06	0.08	0.00	0.37	0.01	0.05	1.00											
8. 董事会独立性	0.03	0.02	0.01	0.02	0.01	-0.02	-0.34	1.00										
9. 董事会所有权	0.06	-0.06	-0.28	-0.21	0.02	-0.04	-0.19	0.10	1.00									
10. 连锁董事经验	-0.00	0.04	0.07	0.10	0.01	0.09	-0.01	0.01	0.01	1.00								
11. 违规处罚	0.01	-0.01	0.03	-0.08	-0.02	-0.01	-0.03	0.00	0.03	-0.03	1.00							
12. 高管处罚	-0.00	-0.03	0.03	-0.09	-0.01	-0.01	-0.03	-0.00	-0.03	-0.03	0.21	1.00						
13. 同行伙伴比例	-0.02	-0.02	-0.14	-0.06	0.00	-0.03	-0.06	-0.04	0.13	0.25	0.01	-0.02	1.00					
14. 低地位伙伴的违规行为	0.01	0.03	0.07	0.09	-0.00	0.04	0.08	0.03	-0.03	0.45	0.03	-0.03	-0.00	1.00				
15. 低地位伙伴的非违规行为	-0.03	0.05	0.11	0.24	0.01	0.13	0.20	-0.00	-0.10		-0.02	-0.04	-0.05	0.34	1.00			

65

续表

变量	1	2	3	4	5	6	7	8	9	10	11	12	13	14	15	16	17	18
16. 高地位伙伴的违规行为	0.02	0.01	0.04	0.02	0.00	−0.03	0.00	0.02	0.02	0.16	0.02	0.01	0.01	0.05	0.02	1.00		
17. 高地位伙伴的非违规行为	−0.00	0.06	0.12	0.14	0.01	−0.01	0.01	0.03	0.00	0.56	−0.04	−0.03	−0.02	0.08	0.18	−0.16	1.00	
18. 财务违规	0.00	−0.02	−0.00	−0.09	−0.01	−0.01	−0.03	−0.00	0.06	−0.03	0.45	0.04	0.01	0.01	−0.03	0.02	−0.05	1.00
均值	0.06	47.48	13.51	21.68	0.04	0.00	9.14	0.37	0.09	1.97	0.21	0.16	0.43	0.31	1.64	0.32	1.68	0.16
标准差	0.23	6.37	5.08	1.26	0.59	0.02	1.83	0.05	0.18	0.91	0.56	1.22	0.38	0.64	2.07	0.55	1.07	0.36
最小值	0.00	25.00	1.00	11.35	−64.82	0.00	3.00	0.08	0.00	1.00	0.00	0.00	0.00	0.00	0.00	0.00	0.00	0.00
最大值	1.00	76.00	33.00	28.48	6.48	0.61	19.00	0.80	0.99	7.00	7.00	24.00	1.00	7.00	20.00	4.00	6.00	1.00

注：相关系数的绝对值大于或者等于 0.015，则在 0.05 的水平上显著。

表 4-2　针对财务违规传染的逻辑回归分析结果

解释变量	模型 1	模型 2	模型 3	模型 4
CEO 性别	-0.024	-0.028	-0.027	-0.030
	(0.104)	(0.109)	(0.104)	(0.108)
CEO 年龄	0.001	0.001	0.001	0.001
	(0.004)	(0.004)	(0.004)	(0.004)
企业年龄	0.002	0.002	0.003	0.003
	(0.005)	(0.005)	(0.005)	(0.005)
企业规模（对数）	-0.155***	-0.152***	-0.155***	-0.151***
	(0.024)	(0.025)	(0.024)	(0.025)
企业绩效	0.006	0.005	0.005	0.005
	(0.018)	(0.017)	(0.018)	(0.017)
企业地位	-1.546	-1.411	-1.506	-1.390
	(2.353)	(2.281)	(2.345)	(2.269)
董事会规模	0.038***	0.041***	0.038***	0.041***
	(0.009)	(0.009)	(0.009)	(0.009)
董事会独立性	-0.421	-0.394	-0.420	-0.392
	(0.507)	(0.511)	(0.500)	(0.504)
董事会所有权	0.632***	0.619***	0.635***	0.621***
	(0.097)	(0.098)	(0.099)	(0.102)
连锁董事质量	-0.011	0.005	-0.014	0.006
	(0.029)	(0.028)	(0.028)	(0.026)
违规经验	1.810***	1.810***	1.810***	1.810***
	(0.099)	(0.099)	(0.099)	(0.098)
高管处罚	-0.179***	-0.179***	-0.180***	-0.180***
	(0.012)	(0.013)	(0.013)	(0.013)
同行伙伴比例	0.005	0.004	0.003	0.002
	(0.120)	(0.119)	(0.012)	(0.118)
低地位伙伴的违规行为		0.023		0.023
		(0.032)		(0.032)

续表

解释变量	模型 1	模型 2	模型 3	模型 4
低地位伙伴的非违规行为		−0.022** (0.011)		−0.022** (0.011)
高地位伙伴的违规行为			0.074** (0.034)	0.067* (0.035)
高地位伙伴的非违规行为			−0.008 (0.015)	−0.014 (0.015)
常数项	0.356 (0.671)	0.243 (0.687)	0.340 (0.675)	0.227 (0.688)
年份固定效应	Y	Y	Y	Y
行业固定效应	Y	Y	Y	Y
省份固定效应	Y	Y	Y	Y
Log pseudolikelihood	−4386.067	−4385.2283	−4384.9179	−4384.1145
Pseudo R^2	0.2093	0.2094	0.2095	0.2096

注：括号内为稳健标准误差；*** $p<0.01$，** $p<0.05$，* $p<0.1$。

假设 1a 认为地位较低的连锁伙伴的违规行为对焦点企业的财务违规没有影响。模型 2 中参与违规的低地位伙伴数量与焦点企业违规之间的关系不显著（$\beta=0.023$，$p>0.1$），支持假设 1a。假设 1b 认为地位较低的连锁伙伴的非违规行为与焦点企业的财务违规呈负相关。在模型 2 中，实施违规的低地位伙伴数量与焦点企业违规之间呈显著负相关（$\beta=-0.022$，$p<0.05$），支持假设 1b。

假设 2a 表明，地位较高的连锁伙伴的违规行为与焦点企业的财务违规正相关。在模型 3 中，我们发现实施违规行为的地位较高的伙伴数量与焦点企业的财务违规之间存在正相关（$\beta=0.074$，$p<0.05$），这支持了假设 2a。假设 2b 表明，高地位伙伴的非违规行为对焦点企业的财务违规没有影响。模型 3 中未实施违规的地位较高的伙伴数量与焦点企业的财务违规之间的关系系数不显著（$\beta=-0.008$，$p>0.1$），支持假设 2b。

与此同时，我们还进行了多次分析以确保我们的结果是稳健的。①我们构建了一个替代的结果变量，即该企业在该年犯下的财务违规数量以衡量财务违规的频率。我们重新进行回归并获得一致的结果（见表4-3）。②因为焦点企业在选择合作伙伴以构建连锁网络时可能有偏好，导致存在样本选择偏差问题。具体来说，地位低的企业本可以选择地位高、没有实施财务违规的合作伙伴，以避免被地位高的伙伴欺负。为了解决这个问题，我们采用了两阶段Heckman模型来解释这种偏差（Heckman，1979）。结果与我们的假设一致（见表4-4）。③另一个重要的问题是，内部董事和外部董事在权力和对组织学习的影响方面明显不同（Hauschild and Beckman，1998；Tuschke et al.，2013）。我们将焦点企业的管理者和外部董事与不同地位水平和不同实践的企业建立连锁关系的六种方式进行了区分，以进一步验证地位较高的伙伴的违规行为和地位较低的伙伴的非违规行为的传染效应。结果表明，在非违规行为从地位较低的企业蔓延到焦点企业的过程中，外向关系（焦点企业的管理者在连锁企业的董事会任职）和间接关系（在两家企业都担任董事，但不是管理者）都发挥了重要作用。此外，进入关系（连锁企业的管理者在焦点企业的董事会任职）和外向关系都能使违规行为从地位较高的企业传染到焦点企业。这些结果与我们的假设一致（见表4-5）。

表4-3 稳健性分析1：针对财务违规传染的负二项回归分析结果

解释变量	结果变量：财务违规数量			
	模型1	模型2	模型3	模型4
CEO性别	−0.075 (0.088)	−0.078 (0.089)	−0.075 (0.088)	−0.078 (0.089)
CEO年龄	−0.000 (0.003)	−0.000 (0.003)	−0.000 (0.003)	−0.000 (0.003)
企业年龄	−0.002 (0.003)	−0.002 (0.003)	−0.002 (0.004)	−0.002 (0.004)

续表

解释变量	结果变量：财务违规数量			
	模型 1	模型 2	模型 3	模型 4
企业规模（对数）	-0.121***	-0.118***	-0.120***	-0.118***
	(0.022)	(0.022)	(0.022)	(0.022)
企业绩效	-0.001	-0.002	-0.002	-0.002
	(0.018)	(0.018)	(0.018)	(0.018)
企业地位	-1.597	-1.492	-1.558	-1.467
	(1.888)	(1.808)	(1.870)	(1.795)
董事会规模	0.033***	0.034***	0.032***	0.034***
	(0.009)	(0.009)	(0.009)	(0.009)
董事会独立性	-0.151	-0.144	-0.151	-0.144
	(0.358)	(0.354)	(0.355)	(0.351)
董事会所有权	0.426***	0.421***	0.432***	0.427***
	(0.093)	(0.095)	(0.096)	(0.098)
连锁董事质量	-0.002	0.006	-0.007	0.003
	(0.022)	(0.022)	(0.020)	(0.019)
违规经验	0.991***	0.991***	0.991***	0.991***
	(0.044)	(0.043)	(0.044)	(0.043)
高管处罚	-0.106***	-0.106***	-0.107***	-0.107***
	(0.011)	(0.011)	(0.011)	(0.011)
同行伙伴比例	-0.009	-0.012	-0.011	-0.013
	(0.091)	(0.090)	(0.089)	(0.089)
低地位伙伴的违规行为		0.034		0.034
		(0.023)		(0.023)
低地位伙伴的非违规行为		-0.017**		-0.016**
		(0.008)		(0.008)
高地位伙伴的违规行为			0.050*	0.047*
			(0.026)	(0.026)
高地位伙伴的非违规行为			-0.001	-0.004
			(0.010)	(0.010)

续表

解释变量	结果变量：财务违规数量			
	模型 1	模型 2	模型 3	模型 4
常数项	0.054	-0.020	-0.038	-0.038
	(0.606)	(0.607)	(0.610)	(0.610)
年份固定效应	Y	Y	Y	Y
行业固定效应	Y	Y	Y	Y
省份固定效应	Y	Y	Y	Y
Log pseudolikelihood	-5926.7707	-5925.8578	-5925.9919	-5925.1269
Wald chi^2	1251.29	1323.41	1282.07	1386.69

注：括号内为稳健标准误差；***$p<0.01$，**$p<0.05$，*$p<0.1$。

表 4-4　稳健性分析 2：Heckman 两阶段回归分析结果

解释变量	模型 1	模型 2	模型 3	模型 4
	(结果变量：高地位的违规伙伴)	(结果变量：焦点企业的财务违规)		
CEO 性别	0.129***	0.052	0.061	0.036
	(0.042)	(0.319)	(0.300)	(0.315)
CEO 年龄	-0.002***	-0.001	-0.001	-0.000
	(0.001)	(0.006)	(0.006)	(0.006)
企业年龄	0.000	0.003	0.003	0.003
	(0.003)	(0.005)	(0.005)	(0.005)
企业规模（对数）	-0.005	-0.155***	-0.158***	-0.154***
	(0.008)	(0.027)	(0.026)	(0.027)
企业绩效	0.022	0.021	0.022	0.018
	(0.014)	(0.039)	(0.037)	(0.038)
企业地位	-1.708***	-2.534	-2.729	-2.312
	(0.509)	(5.055)	(4.899)	(4.986)
董事会规模	0.020**	0.054	0.052	0.051
	(0.009)	(0.039)	(0.037)	(0.038)

续表

解释变量	模型 1 （结果变量：高地位的违规伙伴）	模型 2	模型 3	模型 4
		（结果变量：焦点企业的财务违规）		
董事会独立性	-0.164 (0.231)	-0.497 (0.509)	-0.533 (0.499)	-0.477 (0.501)
董事会所有权	-0.069 (0.120)	0.577*** (0.152)	0.588*** (0.151)	0.586*** (0.152)
连锁董事质量	0.204*** (0.009)	0.130 (0.380)	0.124 (0.367)	0.109 (0.376)
违规经验	0.011 (0.016)	1.817*** (0.083)	1.817*** (0.085)	1.815*** (0.083)
高管处罚	0.009 (0.006)	-0.174*** (0.020)	-0.174*** (0.019)	-0.176*** (0.020)
同行伙伴比例		0.005 (0.120)	0.004 (0.120)	0.002 (0.119)
逆米尔斯比率		0.847 (2.514)	0.925 (2.391)	0.696 (2.489)
低地位伙伴的违规行为		0.022 (0.034)		0.022 (0.034)
低地位伙伴的非违规行为		-0.022* (0.011)		-0.022* (0.012)
高地位伙伴的违规行为			0.074** (0.034)	0.067* (0.035)
高地位伙伴的非违规行为			-0.007 (0.014)	-0.013 (0.014)
常数项	-1.400*** (0.174)	-1.055 (3.960)	-1.080 (3.789)	-0.840 (3.917)
年份固定效应	Y	Y	Y	Y

续表

解释变量	模型 1 (结果变量：高地位的违规伙伴)	模型 2	模型 3	模型 4
		(结果变量：焦点企业的财务违规)		
行业固定效应	Y	Y	Y	Y
省份固定效应	Y	Y	Y	Y
Log pseudolikelihood	−8289.4813	−4385.1628	−4384.8395	−4384.0704
Pseudo R^2	0.0607	0.2094	0.2095	0.2096
N	15080	12806	12806	12806

注：括号内为稳健标准误差；*** $p<0.01$，** $p<0.05$，* $p<0.1$。

表 4−5 稳健性分析 3：进入、外向和间接连锁

解释变量	模型 1	模型 2	模型 3	模型 4
CEO 性别	−0.024 (0.104)	−0.030 (0.108)	−0.026 (0.105)	−0.031 (0.108)
CEO 年龄	0.001 (0.004)	0.001 (0.004)	0.001 (0.004)	0.001 (0.004)
企业年龄	0.002 (0.005)	0.003 (0.005)	0.002 (0.005)	0.003 (0.005)
企业规模（对数）	−0.155*** (0.024)	−0.151*** (0.024)	−0.155*** (0.024)	−0.151*** (0.024)
企业绩效	0.006 (0.018)	0.005 (0.017)	0.005 (0.018)	0.005 (0.017)
企业地位	−1.546 (2.353)	−1.422 (2.281)	−1.495 (2.324)	−1.381 (2.259)
董事会规模	0.038*** (0.009)	0.042*** (0.009)	0.038*** (0.009)	0.041*** (0.009)
董事会独立性	−0.421 (0.507)	−0.394 (0.505)	−0.426 (0.498)	−0.401 (0.495)
董事会所有权	0.632*** (0.097)	0.623*** (0.097)	0.632*** (0.100)	0.623*** (0.101)

续表

解释变量	模型 1	模型 2	模型 3	模型 4
连锁董事质量	−0.011 (0.029)	0.005 (0.026)	−0.016 (0.026)	−0.001 (0.024)
违规经验	1.810*** (0.099)	1.811*** (0.099)	1.812*** (0.099)	1.812*** (0.099)
高管处罚	−0.179*** (0.012)	−0.178*** (0.012)	−0.180*** (0.013)	−0.180*** (0.013)
同行伙伴比例	0.005 (0.120)	0.005 (0.118)	0.001 (0.119)	0.001 (0.118)
与低地位非违规企业的进入连锁关系		−0.024 (0.102)		−0.021 (0.102)
与低地位非违规企业的外向连锁关系		−0.171* (0.095)		−0.172* (0.095)
与低地位非违规企业的间接连锁关系		−0.017* (0.009)		−0.016* (0.009)
与高地位违规企业的进入连锁关系			0.354** (0.143)	0.353** (0.142)
与高地位违规企业的外向连锁关系			0.321** (0.150)	0.337** (0.149)
与高地位违规企业的间接连锁关系			0.062 (0.039)	0.058 (0.040)
常数项	0.356 (0.671)	0.222 (0.679)	0.354 (0.671)	0.225 (0.678)
年份固定效应	Y	Y	Y	Y
行业固定效应	Y	Y	Y	Y
省份固定效应	Y	Y	Y	Y
Log pseudolikelihood	−4386.067	−4384.6483	−4384.3237	−4382.959
Pseudo R^2	0.2093	0.2095	0.2096	0.2098

注：括号内为稳健标准误差； *** $p<0.01$, ** $p<0.05$, * $p<0.1$。

4.5 结论与启示

4.5.1 主要结论

本研究的主要目的是探讨连锁企业的财务违规决策如何影响焦点企业的违规行为。结果表明，地位较低的伙伴的非违规行为对焦点企业的违规行为有负面影响，而他们的违规行为对焦点企业没有影响。相反，地位较高的伙伴的违规行为对焦点企业的违规行为有正向影响，而他们的非违规行为对焦点企业没有影响。

4.5.2 理论意义

本研究做出了几项重要的理论贡献。

第一，本研究将角色理论与地位文献相结合，推进网络中的违规传染研究，表明基于地位的角色期望在连锁董事网络中违规或非违规行为的不同传染过程中发挥重要作用。现有的研究大多关注董事会连锁中绝对地位在传染过程中的影响，但对于探索两个连锁企业之间的相对地位如何影响传染过程少有关注（Shropshire，2010）。该研究强调，焦点企业与其网络伙伴之间的地位差异，以及特定的角色期望，可以对学习行为和塑造违规传染过程产生重大影响（Gould，2003；Lin et al.，2009；Podolny，1993；Shen et al.，2014；Shropshire，2010）。实践的成功传染可以从高地位的企业到低地位的企业，也可以根据它们对具体实践的基于地位的角色期望产生反向作用。我们发现了一种有条件的传染，即只有当行为类型与连锁伙伴的地位预期不匹配时，它们的行为才能成功扩散。

第二，本研究对地位研究具有重要意义。地位文献提出，在网络中的突出地位可以提供获得有价值信息和控制网络的机会，表明与地位高的企业合作的积极作用（Podoly，2001）。然而，本研究表明，地位较高的伙伴也有负面影响，因为参与财务违规的地位较高的伙伴会增加焦点企业实施违规的可能性。这项研究还发现，地位较低的伙伴也有好的一面，因为地位较低的伙伴没有参与财务违规，将降低焦点企业实施违规的可能性。通过阐述在违规传染过程中高地位伙伴的不利影响和低地位伙伴的有利作用，本研究为理解伙伴地位的差异化功能提供了理论进步。

第三，通过考察我国连锁董事网络中的财务违规传染，本研究补充了当前主要以美国为研究背景的网络传染研究（例如，Chiu et al.，2013）。与美国相比，我国的法律、市场监管和监督机制相对薄弱，这项研究丰富了我们对新兴市场不当行为的网络传染的理解。

4.5.3 管理启示

这项研究对管理者、投资者和政策制定者也有重要的实际意义。

第一，我们的研究对新兴市场的公司治理具有重要的实际意义。由于社会关系的重大影响，董事会连锁在公司治理中发挥着关键作用。社会主要强调了连锁董事网络作为信息渠道的积极作用，而对其负面影响关注较少。我们的研究结果表明，财务违规可以通过连锁关系扩散，尤其是来自地位较高的合作伙伴。因此，在选择连锁伙伴时，公司不仅要关注与地位较高的伙伴建立联系的好处，也要注意他们的违规行为。

第二，我们的研究也为新兴经济体的监管机构提供了启示。由于我国制度体系的不完善，上市公司的不当行为普遍存在。鉴于正规机构和监管当局在监督和执法不当行为方面的效力和效率较弱，挑战是显而易见的。基于我们的发现，监管机构可以通过合作伙伴评估公司财务违规的可能性。特别是，由于与从事违规的地位较高的伙伴有关联的企业更有可能实施违规，监管机构应该特别关注这类公司。此外，监管机构应该充分利用地位较低的行为合规的伙伴的抑制功能。研究结果为新兴经济体的监管机构提高监管效率、更好地制定政策提供启示和参考。

4.5.4 局限性及未来研究方向

尽管本研究贡献显著,但也存在一定的局限性。

第一,我们没有区分不同类型的财务违规。企业可能有不同的动机和机会从事不同类型的财务违规(Chiu et al., 2013)。未来的研究可以关注特定类型违规的传染中地位的情境作用。

第二,违规传染过程可能受到公司层面和经理层面的情境影响(Shipilov et al., 2010)。因此,未来的研究应明确人力资本和社会资本等情境因素在违规传染过程中的作用。

5

又陷入同样的困境？网络嵌入视角下的企业失败再犯

5.1 研究简介

组织学习文献很早就认识到失败经验的价值，因为它可以产生关于组织效率低下或能力不足的丰富知识，从而实现有效的组织学习（Baum and Dahlin，2007）。通过从过去的错误中及时获得知识（Cyert and March，1963），并产生新的知识和解决方案以降低未来发生错误的概率（Hirak et al.，2012），失败学习可以成为竞争优势的关键来源（Dagnino et al.，2021）。最近的研究注意到组织累犯的存在，即企业在从失败中吸取教训后，可能会重复过去的错误，并呼吁研究以理解为什么会发生这种情况（Desai et al.，2017）。组织遗忘和学习中断可能会发生，因为从过去的失败中学到的知识会随着时间的推移而贬值，而激发最初变化的注意力可能会随着时间的推移而减少并转移到其他焦点（Holan and Phillips，2004）。在这种情况下，企业可能会再次陷入不利的境地，导致基于先前错误的知识积累的中断（Haunschild et al.，2015）。

然而，以往关于组织学习和再犯的研究大多假设组织是独立决策的个体，忽略了组织间的社会互动，导致对失败学习的持续性认识有限。事实是，企业嵌入在不同的社会网络中，来自社会网络的支持和约束可能会影响企业对失败的感知和处理失败的能力（Desai et al.，2017）。然而，有限的研究从社会网络的角度探讨失败学习不持续的关键驱动因素。

为弥补上述研究空白，本书结合组织学习理论和网络嵌入视角，调查社会网络对企业失败再犯的影响。具体而言，我们关注了两种类型的社会网络——董事会连锁关系和政治关联，并认为不同类型网络关系中的嵌入性可能会以不同的方式激励企业从过去的绩效失败中吸取教训，并影响他们重新陷入衰退的可能性。这一论点出于一个事实，即关系决定了对组织施加重要影响的主导利益相关者。对于连锁董事关系，中心企业通常受到更高的期望，并有更多的社会义务来保持良好的绩效（Podolny and Page，1998）。在这种情况下，他们不仅有强烈的动机，而且有丰富的社会资本来不断地从过去的失败经验中学习。企业的政治关联以另一种方式塑造了它们对失败学习的敏感性。为了维持政治资本，有政治关联的企业需要实现政府的目标，而应对市场压力的敏感度和能力较低（Li et al.，2018）。因此，它们不太可能将绩效下降归因于需要优先修复的失败，这可能会导致对以前失败学习的不持续性（Haunschild et al.，2015）。为了验证我们关于网络嵌入性对失败学习间断的影响的观点，我们进一步探讨了合作伙伴的不佳表现和区域市场发展对董事连锁关系和政治关联与企业重复失败之间关系的调节作用。

我们基于2008—2018年在上海和深圳证券交易所被实施风险警示（ST）后又撤销的上市公司样本检验假设。这一个理想的研究情境，原因有二：①考虑到我国是典型的新兴经济体，制度支持相对薄弱，网络关系成为企业解决从正规渠道获取有用信息存在局限的替代渠道（Peng and Luo，2000）。此外，更大的环境不确定性增加了建立交换关系的必要性（Pfeffer and Salancik，1978）。因此，与西方正式制度约束较强的环境相比，我国企业高层管理者培养的连锁关系和政治关系可能在市场功能中发挥更重要的作用，并对组织行为和绩效产生显著影响（Li and Zhou，2010；Peng and Heath，1996）。②ST政策作为我国股票市场的一个独特特征，规定上市公司如果报告了持续下跌的异常财务状况，则被标记为ST（Jiang et al.，2017）。被特殊处理的企业必须取得积极的业绩，才能去掉这个标签。因此，从特殊处理状态中恢复过来的公司（以下简称复兴企业）的结果变化（再次陷入财务困境或不再陷入财务困境）适合于检验组织失败再犯的假设。我们的研究通过推进我们对组织再犯的网络相关驱动因素的理解，为组织学习文献做出了贡献。我们的发现为利用网络资本来提高新兴经济体失败学习持久性提供了深刻的启示。

5.2 理论与假设

5.2.1 失败学习与累犯

组织学习理论指出，企业可以从经验中积累知识，然后通过重复被认为是成功的行为和限制可能产生负面结果的行为来改进他们的惯例（Mesch and Metais，2015）。组织以不同的方式从成功和失败经验中学习（Gong et al.，2019）。成功经验被解释为现有知识运作良好的证据（Lant，1992），使稳定的知识学习成为可能（Madsen and Desai，2010）。然而，这些经验可能导致决策者忽视新信息（Audia et al.，2000），对现有知识的过度自信并断言没有必要进一步发展（Marchand shapiro，1992）。相反，失败经验可以引发不同的学习过程，挑战现状，并允许组织深入反思现有的知识。在这种情况下，不成功的经验不仅激发了组织寻求新知识的意愿，而且提供了进一步发展的明确指示（Levinthal and March，1981）。因此，相对于之前的成功（Audia et al.，2000），失败经验可以产生更丰富的知识，提供更多的学习机会（Baum and Dahlin，2007），并促进行为变化以应对失败（Cyert and March，1963）。

失败学习是一个组织认识到错误，分析出错的原因，并寻找可能的解决方案以减少未来失败可能性的过程（Haunschildand Sullivan，2002）。通过从失败中学习，组织可以做出正确的调整，更新现有的知识和资源，完善组织流程和惯例，并获得竞争优势（Baum and Dahlin，2007）。

最近的研究注意到组织累犯的挑战，定义为"组织在失败一段时间后似乎会重新应用以前无效的惯例或重复过去的错误"（Desai et al.，

2017），这表明企业在从失败中学习后可能会再次失败，揭示了失败学习的不连续性。组织可能会在初始阶段学习，并在失败后进行面向解决方案的更改，但随着时间的推移，他们无法维持相关的知识。正如 Madsen 和 Desai（2010）所指出的，来自组织过去经验的知识可能会随着时间的推移而贬值。Haunschild 等（2015）认为，对特定绩效维度失败的关注会激发初始的变化，但随着时间的推移，注意力可能会减弱并转移到其他焦点，从而导致组织遗忘。尽管失败学习对组织学习有一定的影响，但人们对失败学习的持久性还没有很好地理解。Desai 等（2017）呼吁，通过将学习理论与其他强调组织嵌入更广泛社会系统的组织理论相结合，来理解为什么一些公司在从失败中吸取教训后再次失败。

组织学习，像其他企业行为一样，不是独立发生在组织内部，而是在一个充满利益相关者、法规、规则和期望的复杂社会环境中发生（Oliver，1991）。将绩效归因为失败与否以及具体的学习过程不仅由组织管理决定，还受到上述环境因素的约束（Desaiet al.，2017）。考虑到企业是嵌入在社会关系中的，来自社会网络和关系特定资本的约束会影响企业的目标和适应环境的能力（Thornhilland Amit，2003），进而影响企业从失败中学习的动机和能力。然而，尽管组织在更广泛的社会系统中的嵌入性可能有助于理解学习过程中的重复失败，但从网络嵌入性的角度探讨为什么一些复兴的组织会忘记从过去的失败中学到的知识是有限的。

5.2.2 复兴企业的网络嵌入性：连锁董事关系与政治关联

根据网络嵌入的视角（Carpenter et al.，2012），组织受到其所嵌入的社会网络的影响（Granovetter，1985）。这些网络不仅提供资源和支持，还对它们的行为施加约束（Jiang et al.，2017）。企业嵌入与不同利益相关者连接的多个网络中（Carpenter et al.，2012；Peng and Luo，2000），这些网络可以为企业提供不同的观点，并将企业的注意力引导到外部环境的不同方面（Maula et al.，2013）。由于管理者在以知识的获取、分配、解释和记忆为特征的组织学习过程中起着关键作用（Pérez-Lopez et al.，2004），企业高层管理者形成的网络被认为会影响企业对持续失败学习的注意力和行为。在制度不发达的新兴经济体中，管理层与其他企业和政府之间的关系是企业获取资源和合法性的两个重要渠道（Luk et al.，2008；Peng and Luo，2000）。因此，我们关注两种类型的管理关系，即连锁董事关系和政治关联，探讨它们在影响失败再犯中的独特作用。

连锁董事关系是指公司中的一名董事同时任职于其他公司的董事会，从而与其他公司（如供应商、客户和竞争对手）的高层管理者建立联系（Dubini and Aldrich，1991）。连锁董事网络作为一个有效的信息传播平台，提供来自其他企业的大量信息和资源，如市场趋势、最新技术以及公司战略（Haunschild and Beckman，1998）。然而，连锁关系也带来了网络伙伴的期望和社会义务（Podolny and Page，1998）。由于"地位责任"（liability of status），中心行动者通常承受着更大的压力，以满足他人的期望（Rhee and Haunschild，2006）。

政治关联是指企业通过高层管理者与政府之间建立的关系（Sheng et al.，2011）。鉴于新兴经济的政府在控制资源和制定监管政策方面具有强大的力量（Peng and Luo，2000），企业与政府的联系至关重要，它可以替代正式的制度支持来指导企业行为。政治关联不仅为企业提供了获取政治资源的特权（如政府补贴和税收优惠），而且为企业提供了政治合法性（Faccio，2006；Marquis and Qian，2014）。然而，政治关联可能导致政府干预增强、公司治理效率降低等不利影响（Li et al.，2018）。与政府相关的公司在满足政府期望和完成政府计划方面承受着更大的压力（Marquis and Qian，2014），这可能会降低它们对市场压力的敏感性。

我们认为，连锁董事关系和政治关联对企业对绩效失败的感知以及处理失败时可用的资源和支持有不同的影响。这种差异可能会以不同的方式激励复兴企业从过去的失败中保留所学到的知识和做出的相关改变，从而使这些企业以不同的方式陷入重复失败。

1. 连锁董事网络中心度对组织失败再犯的影响

我们预测，企业与连锁董事伙伴的联系可以促进其持续的失败学习，从而对组织失败再犯产生负面影响，原因有三。

第一，在连锁董事网络中处于中心位置的复兴企业通常会从伙伴那里获得更多的关注和期望（Rhee and Haunschild，2006）。与外围企业相比，中心企业被视为行业领导者，更有望实现良好的业绩（Stam and Elfring，2008）。组织失败揭示企业的无能，这可能会威胁到企业在网络中的地位，并导致企业失去许多优势，如声望和现有的合作伙伴（Connelly and Gangloff，2012）。因此，中心位置的复兴企业倾向于保持良好的绩效以满足网络伙伴的期望，并且更愿意不断地从过去的失败经验中学习。

第二，连锁董事关系可以为网络伙伴提供多样化的资源和稳定的支持，如市场资源、技术援助以及可靠的合作机会（Yang et al.，2011）。因为资源是持续学习所必需的，网络带来的这些优势对于企业走出困境和保持良好绩效至关重要（Carmeli，2007）。因此，拥有众多连锁关系的复兴企业可以获得丰富的资源，以保证所学的知识或做出的改变被保留。

第三，中心企业会接触到许多具有不同经验的合作伙伴（Beckman and Haunschild，2002）。网络伙伴关于良好业绩和高盈利能力的经验可以为复兴企业提供有用的信息，通过加强对可能失败的关注，增强从自身失败中学习的能力，来保持良好的业绩（Connelly et al.，2011）。

综上所述，从失败中恢复过来的中心企业积极性很高，也更有能力不断地从过去的失败中学习到更多的东西，因此，再次失败的可能性更小。因此，本研究提出：

假设1a：连锁董事网络中心度对复兴企业再次失败产生负向作用。

2. 政治关联对组织失败累犯的影响

我们认为，复兴企业的政治关联可能阻碍其持续的失败学习，从而对组织失败再犯产生促进作用，原因有三。

第一，为了获得政治资本和合法性带来的利益，具有政治关联的复兴企业往往受到政府的干预，投入了更多精力来实现政府计划（Marquis and Qian，2014；Okhmatovskiy，2010；Sun et al.，2016），这不可避免地分散了它们对财务绩效的注意力，降低了它们的运营效率。有政治关联的企业被相关政府要求追求社会和政治目标，如保护环境、纠正市场失灵以及减少失业，这与企业的利润动机背道而驰（Firth et al.，2011；Wu et al.，2012）。此外，政治关联可能会导致企业治理效率的降低（Fan et al.，2007）。以往的研究表明，即使在企业表现不佳、管理者不合格的情况下，与政府的良好关系也可能为企业提供有利的待遇（Tihanyi et al.，2019），这也降低了企业持续从过去的失败中吸取教训的有效性。

第二，有政治关联的企业对政府资源和支持的依赖降低了它们保留从失败学习中获取知识的倾向。政治关联带来稀缺资源和政治合法性，可以帮助企业改善不良绩效，摆脱困境（Marquis and Qian，2014；Sun et al.，2016）。因此，有政治关联的企业可能更多地依赖政府来处理问题，较少以市场为导向来发展自己的能力（Okhmatovskiy，2010），导致企业的市场压力敏感性降低，从过去的失败中吸取教训的意愿降低。

第三，利用政治资本的成本可能不利于保持良好的财务绩效。有政治关联的企业倾向于从事高风险活动，因为它们更容易获得政治资源，而且对制度不确定性的感知较低（Tihanyi et al.，2019）。这些企业可能会面临高成本和违约率，损害它们的财务绩效（Faccio，2006）。因此，从特殊处理中恢复过来的企业，有可能因政治资本的不当利用而再次陷入同样的境地。总之，有政治关联的复兴企业从过去的失败中不断学习的动力和能力较弱，再次失败的可能性更高。因此，本研究提出：

假设1b：政治关联对复兴企业再次失败产生正向作用。

5.2.3 绩效不佳的网络伙伴的情境作用

合作伙伴的绩效状况决定了它们实现良好绩效的注意力和能力，因此影响了焦点企业从合作伙伴那里获得的潜在资源和期望，从而不断地从过去的失败中吸取教训。我们认为，合作伙伴的不佳表现削弱了连锁董事网络中心度对失败再犯的负面影响，原因有三。

第一，拥有绩效不佳的合作伙伴的企业获得良好业绩的压力或期望更小，从而降低了它们保持从过去的失败中吸取知识和变革的动力。一方面，连锁企业的不佳绩效表明它们可能更了解实现良好绩效的困难，它们往往对焦点企业的绩效预期较低。另一方面，绩效较差的合作伙伴通常处于不利地位，其议价能力低于绩效良好的合作伙伴，对焦点公司的战略和行为的影响较小（Oh and Barker，2015）。

第二，表现不佳的伙伴本身就存在风险，它们通常会缩减对网络的投资（Parise and Casher，2003），因此能够为焦点企业的持续失败学习提供资源和支持都很有限。

第三，由于有限理性（Simon，1991），合作伙伴关于绩效不佳的失败经验并不能为复兴企业提供有用的信息来保留从自身失败经验中学到的知识或做出的变革，而是将它们的注意力转移到其他失败上，抑制了它们持续地进行失败学习。因此，本研究提出：

假设2a：绩效不佳的伙伴削弱了连锁董事网络中心度对复兴企业再次失败可能性的负面影响。

5.2.4 地区市场发展的情境作用

尽管政府在影响企业行为和战略方面发挥着重要作用，但这种影响的地理分布并不均匀（Fan et al., 2007；Firth et al., 2011；Wang et al., 2008）。位于不同地区的企业受到不同程度的政府干预，获得不同程度的政府资源和支持（Fan et al., 2007；Qian et al., 2017）。我们认为，市场发展水平可以削弱政治关联对失败再犯的积极作用。

第一，在市场发展程度较高的地区，政府干预程度较低会使有政治关联的企业的注意力从满足政府要求转移到追求经济目标以获得竞争优势上。此外，由于对政府的资源依赖程度较低，位于较发达地区的企业更倾向于抵制政府征收以捍卫自己的利益，特别是对于有政治关联的企业（Oliver, 1991；Zhang et al., 2016）。在市场导向程度较低的地区，有政治关联的企业更专注于政府目标，这进一步加速了从过去的失败中学到的知识的贬值，并放大了失败再犯的可能性。

第二，相对于从政府获得资源，制度环境较发达地区的企业对产业资源的依赖程度更高，政治资本的边际效益相对于较不发达地区更低。位于市场导向程度更高地区的企业承受着来自市场投资者和中介机构的更高期望和压力（Huang et al., 2019），实现良好的业绩以应对激烈的市场竞争。较发达地区的政府能够为企业建立竞争优势提供有限的资源和支持。因此，考虑到市场的约束力量，区域市场发展水平可能会降低企业利用政治关联获得保护以应对业绩失败的动机，而是投入更多的时间和精力来建立市场地位。因此，本研究提出：

假设2b：地区市场发展削弱了政治关联对复兴企业再次失败可能性的积极影响。

5.3 方法

5.3.1 样本和数据收集

特殊处理（ST）政策作为中国股票市场的一个独特之处，为检验我们的假设提供了合适的条件。我国于1998年首次实施特殊处理政策，规定如果上市公司报告异常财务状况，其股票将进入特殊处理状态（以下简称戴帽），这向公众发出了公司衰落威胁其生存的强烈信号（Jiang et al.，2017）。此外，如果一家上市公司连续两年亏损，其股票被标记为 *ST（Jiang and Wang，2008）。公司必须取得积极的业绩，并证明其财务状况良好，才能将ST或*ST前缀从其股票名称中删除，实现成功摘帽。

为了检验我们的假设，我们从中国经济金融研究数据库（CSMAR）中收集了曾经经历过戴帽但后来摘帽的上市公司样本。我们首先确定了被实施ST或*ST的上市公司，并将每次戴帽视为一个独立事件。2008—2018年，我们收集了723个戴帽事件，涉及568家公司。鉴于我们的研究重点是一家公司在成功摘帽后是否会再次戴帽，我们排除了12个公司宣布退市的戴帽事件和86个在2018年之前未能摘帽的戴帽事件，以确定在样本期间内最终成功摘帽的戴帽事件。我们还排除了5个在成功摘帽后经历了收购和退市的戴帽事件。在排除这些事件后，我们获得了2008—2018年涵盖515家公司的620个戴帽样本。

按照事件历史分析的格式，我们对每个戴帽事件的观察是从该公司摘帽的那一年起，到它再次戴帽的那一年。然后，我们从CSMAR和我国国民经济研究所（NERI）编制的《中国市场化指数年度报告》中收集了关于公司的数据。在剔除数据缺失的公司后，我们的样本包括2008—2018年的2885个观察值，涉及488家公司的546个摘帽事件。

5.3.2 测量

复兴企业再次失败的可能性。在事件历史分析中，时间是主要考虑因素。我们跟踪了每个样本公司，从成功摘掉ST或*ST标签（摘帽）的那一年开始，到该公司再次被列为ST状态（戴帽）的那一年或样本观测器的最后一年（2018年）。如果经历过摘帽的企业再次戴帽，则赋值为 1，否则赋值为 0。具体来说，如果 ST 移除发生在 t 年，我们将 t 年作为观察的起点，直到该公司再次被标记为 ST 或 2018 年。为了控制自回归，所有预测变量均滞后一年。

连锁董事网络中心度。为了度量中心度水平，我们首先基于董事信息构建连锁网络。如果两家公司在某一年共用一名董事，那么它们就被认定为有连锁董事关系。我们基于每年样本中所有公司的董事构建连锁董事网络。我们使用焦点企业与其他企业之间的连锁董事关系的数量来衡量每家公司的网络中心度（Freeman et al.，1979）。

政治关联。如果董事会中至少有一名成员曾经或现在具有政府任职经验，则赋值为 1，否则赋值为 0（Sun et al.，2016）。

绩效不佳的合作伙伴。我们用绩效不佳的连锁公司数量除以连锁公司的总数来衡量焦点企业的合作伙伴绩效状况。如果连锁公司某一年的资产回报率（ROA）为负，则连锁伙伴被定义为绩效不佳。

区域市场发展。我们用 NERI 提供的市场化指数来衡量区域市场发展水平（Zhang et al.，2016）。我们基于每个公司办公所在省份来衡量其区域市场发展。市场化指数水平越高，表明地区市场体系水平越高，市场在经济中发挥更重要的作用（Fan et al.，2011）。

控制变量。首先，我们控制了公司层面特征，包括公司规模（公司员工数量的自然对数）、公司年龄（公司成立的年数）、公司松弛度（总债务除以总资产）、盈利能力（股本回报率）、销售增长（公司销售收入年增长的百分比）、所有权集中度（公司第一大股东所持股份的百分比）。这些特征被证明对公司绩效有重要影响（Okhmatovskiy，2010；Sheng et al.，2011）。其次，我们控制了董事会层面的治理因素，包括董事会独立性（独立董事的比例）、董事会性别（女性董事的比例）和董事会年龄（董事年龄的平均值），因为董事会对公司治理有效性和公司绩效有重要影响（Sun et al.，2016）。最后，为了控制特定时期和特定行业的影响，我们加入了年份和行业虚拟变量。

5.3.3 方法

我们的因变量（复兴企业的失败）是一个离散事件，我们的研究涉及企业重复戴帽的时机，存在有限的观察窗口和右删失的问题。事件历史分析是一种不会因右删失而产生偏差的估计方法（Jiang et al., 2017），因此我们使用该方法来有效地分析结尾数据，并对重复戴帽的概率进行建模。事件历史分析模拟了风险率，即一个公司在时间 t 再次戴帽的可能性（Allison, 1999）。我们的估计采用了 Cox 比例风险回归模型（Cox, 1972）。为了解决潜在的自相关和异方差问题（Wooldridge, 2002），我们在模型估计中将观测值聚类在行业水平上。

5.4 结果

表 5-1 提供了所有变量的描述性统计和相关性。我们计算方差膨胀因子（VIFs）来评估变量之间的多重共线性。结果表明，VIFs 的均值为 1.09，最大值为 1.18，低于常规标准（VIFs<10），表明多重共线性在我们的模型中不是一个严重的问题。

表 5-2 给出了 Cox 回归的结果。如模型 2 所示，连锁董事网络中心性的让步比（OR）为 0.93 且显著（$z=-4.05$, $p<0.001$），表明中心度每增加一个单位，再犯风险率降低 7%（1−0.93）。因此，假设 1 得到了支持。模型 2 显示，政治关联的让步比为 1.68 且显著（$z=2.70$, $p<0.01$），这意味着政治关联每增加一个单位，再犯风险率就会增加 68%（1.68−1）。因此，假设 2 得到了支持。在模型 3 中，中心度与绩效不佳合作伙伴之间交互作用的让步比为 1.54 且显著（$z=4.94$, $p<0.001$），支持了假设 3，即拥有更多绩效不佳伙伴的"复兴"公司比拥有较少绩效

5 又陷入同样的困境？网络嵌入视角下的企业失败再犯

表 5-1 描述性统计和相关性

变量	Mean	S.D.	1	2	3	4	5	6	7	8	9	10	11	12	13
1. 连锁董事网络中心度	5.04	3.26	1.00												
2. 政治关联	0.88	0.33	0.13	1.00											
3. 合作伙伴绩效不佳	0.11	0.18	−0.05	−0.05	1.00										
4. 区域市场发展	7.68	1.93	0.19	−0.05	−0.09	1.00									
5. 企业规模	7.14	1.50	0.13	0.032	−0.03	−0.02	1.00								
6. 企业年龄	19.46	4.42	0.09	−0.10	0.03	0.30	−0.03	1.00							
7. 企业冗余	0.53	0.22	0.05	0.08	−0.01	−0.01	0.18	−0.03	1.00						
8. 企业利润率	0.03	0.24	0.04	0.01	−0.01	0.04	0.06	0.01	−0.19	1.00					
9. 销售增长	0.76	4.14	0.04	−0.02	0.01	0.01	0.02	0.04	0.04	0.06	1.00				
10. 股权集中度	35.24	16.82	−0.01	0.06	−0.03	−0.07	0.18	−0.13	0.14	0.14	0.01	1.00			
11. 董事会独立性	0.37	0.06	0.01	−0.05	−0.01	−0.03	−0.06	0.00	−0.05	−0.02	0.03	0.06	1.00		
12. 董事会性别	0.14	0.12	−0.07	−0.07	0.05	0.01	−0.16	0.09	−0.08	0.01	0.01	−0.06	−0.01	1.00	
13. 董事会年龄	50.47	3.53	0.17	0.10	−0.03	0.09	0.27	0.07	0.00	0.02	−0.06	0.11	0.09	−0.14	1.00

注：$N=2885$；相关系数的绝对值大于或等于 0.04 则在 0.01 的水平上显著。

91

表 5-2 重复特殊处理的 Cox 模型回归结果

解释变量	模型 1 让步比(稳健标准误差)	模型 1 z 值 (p 值)	模型 2 让步比(稳健标准误差)	模型 2 z 值 (p 值)	模型 3 让步比(稳健标准误差)	模型 3 z 值 (p 值)	模型 4 让步比(稳健标准误差)	模型 4 z 值 (p 值)	模型 5 让步比(稳健标准误差)	模型 5 z 值 (p 值)
连锁董事网络中心度	1.43 (0.45)	1.13 (0.26)	1.68 (0.32)	−4.05 (0.00)***	1.73 (0.31)	−3.98 (0.00)***	1.77 (0.35)	−4.10 (0.00)***	1.83 (0.33)	−4.05 (0.00)***
政治关联	0.89 (0.05)	−2.09 (0.04)*		2.70 (0.01)**		3.05 (0.00)***		2.88 (0.00)***		3.28 (0.00)***
连锁董事网络中心度*合作伙伴绩效不佳	0.84 (0.04)	−3.67 (0.00)***	1.46 (0.37)	1.50 (0.13)	1.54 (0.13)	4.94 (0.00)***			1.53 (0.14)	4.83 (0.00)***
政治关联*区域市场发展	0.99 (0.01)	−1.11 (0.27)	0.90 (0.37)	−2.01 (0.04)*			0.80 (0.08)	−2.26 (0.02)*	0.80 (0.08)	−2.23 (0.03)*
合作伙伴绩效不佳	1.12 (0.50)	0.25 (0.80)	0.85 (0.04)	−3.47 (0.00)***	2.32 (0.71)	2.75 (0.01)**	1.44 (0.36)	1.45 (0.15)	2.30 (0.72)	2.68 (0.01)**
区域市场发展	0.12 (0.02)	−15.96 (0.00)***	1.00 (0.01)	−0.38 (0.70)	0.91 (0.05)	−1.76 (0.08)†	0.91 (0.05)	−1.91 (0.06)†	0.92 (0.05)	−1.64 (0.10)
企业规模	1.03 (0.01)	2.87 (0.00)***	1.17 (0.52)	0.34 (0.73)	0.85 (0.04)	−3.56 (0.00)***	0.85 (0.04)	−3.59 (0.00)***	0.85 (0.04)	−3.71 (0.00)***
企业年龄	0.98 (0.00)	−5.92 (0.00)***	0.12 (0.02)	−15.97 (0.00)***	1.00 (0.04)	−0.38 (0.70)	0.99 (0.01)	−0.41 (0.68)	1.00 (0.01)	−0.38 (0.71)
企业冗余度			1.03 (0.01)	3.17 (0.00)***	1.15 (0.52)	0.30 (0.76)	1.22 (0.55)	0.43 (0.67)	1.19 (0.55)	0.38 (0.70)
企业利润率			0.98 (0.00)	−6.84 (0.00)***	0.12 (0.02)	−15.61 (0.00)***	0.12 (0.02)	−15.99 (0.00)***	0.12 (0.02)	−15.71 (0.00)***
销售增长					1.03 (0.01)	2.85 (0.00)***	1.03 (0.01)	2.86 (0.00)***	1.03 (0.01)	2.58 (0.00)**
股权集中度					0.98 (0.00)	−7.18 (0.00)***	0.98 (0.00)	−7.58 (0.00)***	0.98 (0.00)	−7.97 (0.00)***

续表

解释变量	模型1 让步比(稳健标准误差)	模型1 z值(p值)	模型2 让步比(稳健标准误差)	模型2 z值(p值)	模型3 让步比(稳健标准误差)	模型3 z值(p值)	模型4 让步比(稳健标准误差)	模型4 z值(p值)	模型5 让步比(稳健标准误差)	模型5 z值(p值)
董事会独立性	0.05 (0.04)	−3.95 (0.00)***	0.04 (0.03)	−4.25 (0.00)***	0.04 (0.04)	−3.90 (0.00)***	0.04 (0.03)	−4.26 (0.00)***	0.04 (0.03)	−3.90 (0.00)***
董事会性别	0.66 (0.43)	−0.64 (0.52)	0.68 (0.42)	−0.62 (0.53)	0.68 (0.43)	−0.61 (0.54)	0.71 (0.43)	−0.58 (0.56)	0.70 (0.44)	−0.58 (0.56)
董事会年龄	1.02 (0.01)	1.36 (0.17)	1.02 (0.02)	1.16 (0.25)	1.02 (0.02)	1.17 (0.24)	1.02 (0.01)	1.25 (0.21)	1.02 (0.02)	1.26 (0.21)
年份和行业固定效应	Y		Y		Y		Y		Y	
Wald chi²	4246.15		7154.30		3430.55		11119.93		4383.30	
Log likelihood	−440.35		−437.70		−436.31		−436.85		−435.48	

注: $N=2885$; *** $p<0.001$, ** $p<0.01$, * $p<0.05$, † $p<0.10$。

不佳伙伴的公司更有可能衰落。模型 4 中政治关联与区域市场发展的交互作用的让步比为 0.80 且显著（$z=2.26$，$p<0.05$），支持了假设 4。

与此同时，我们对结果的稳健性进行了检验，得出以下结论。

第一，因为我们关注于摘帽的公司，可能造成选择偏差问题。为了解决这个问题，我们使用了 Heckman 两阶段模型（见表 5-3）。

第二，我们使用了有政治关联的董事比例作为政治关联的替代衡量标准（见表 5-4）。

第三，我们用戴帽的连锁公司的比例作为绩效不佳伙伴的替代测量（见表 5-5）。现有研究认为，处于中心位置的企业往往具有组织惯性，专注于现有业务或合作伙伴（Kim et al.，2006；Wang et al.，2015），导致效益下降甚至受到约束。由此，我们检验了连锁董事网络中心度与组织重复失败之间的曲线关系，但得到的结果并不显著。我们认为惯性问题可能对组织重复失败不起作用，原因如下：①连锁董事网络是一种稀疏网络，在我国，企业之间以一种松散的方式相互连接（Ren et al.，2009），因此不太可能在现有关系中陷入过深，共享冗余的信息和知识（Heracleous and Murray，2001）。在这种情况下，在连锁网络中处于最中心位置的公司可能不存在惯性问题，因为它们可以从现有的合作伙伴那里获得不同的知识，同时不断寻找其他有益的合作伙伴。②我们认为，由于来自连锁伙伴的高压力、充足的资源和信息，连锁董事网络中心度对组织重复失败可能产生抑制作用，保证所学的知识或变革被保留。即使惯性随着企业中心地位的增强而增加，也无法抵消这些影响。以往的研究表明，企业可能会再次重复过去的错误，因为它们激发最初变化的注意力可能会随着时间的推移而减弱并转移到其他焦点上，导致无法保留所学的知识（Holan and Phillips，2004）。在这种情况下，伴随着高中心性的惯性反而可能会加强企业对以往失败的关注，并促进持续学习，这与我们的逻辑一致，即高中心度会减少组织重复失败。

5 又陷入同样的困境？网络嵌入视角下的企业失败再犯

表 5-3 重复特殊处理的 Heckman 两阶段模型回归结果

解释变量	阶段 1 摘帽 系数(稳健标准误差)	阶段 1 摘帽 z 值 (p 值)	阶段 2 摘帽 模型 1 让步比(稳健标准误差)	阶段 2 摘帽 模型 1 z 值 (p 值)	阶段 2 摘帽 模型 2 让步比(稳健标准误差)	阶段 2 摘帽 模型 2 z 值 (p 值)	阶段 2 摘帽 模型 3 让步比(稳健标准误差)	阶段 2 摘帽 模型 3 z 值 (p 值)	阶段 2 摘帽 模型 4 让步比(稳健标准误差)	阶段 2 摘帽 模型 4 z 值 (p 值)
连锁董事网络中心度			0.95 (0.02)	-3.26 (0.001)**	0.95 (0.02)	-3.10 (0.00)**	0.95 (0.02)	-3.28 (0.00)**	0.95 (0.02)	-3.15 (0.00)**
政治关联			1.74 (0.33)	2.97 (0.003)**	1.81 (0.31)	3.47 (0.00)**	1.84 (0.35)	3.18 (0.00)**	1.91 (0.33)	3.76 (0.00)**
连锁董事网络中心度*合作伙伴绩效不佳					1.49 (0.13)	4.62 (0.00)**			1.48 (0.13)	4.47 (0.00)**
政治关联*区域市场发展							0.79 (0.08)	-2.23 (0.03)*	0.79 (0.08)	-2.19 (0.03)*
合作伙伴绩效不佳			1.48 (0.41)	1.43 (0.15)	2.16 (0.71)	2.34 (0.02)*	1.46 (0.40)	1.36 (0.17)	2.14 (0.72)	2.27 (0.02)*
区域市场发展			0.92 (0.04)	-1.69 (0.09)†	0.93 (0.05)	-1.45 (0.15)	0.93 (0.05)	-1.49 (0.14)	0.94 (0.05)	-1.24 (0.21)
逆米尔斯比率			0.24 (0.07)	-4.77 (0.00)**	0.24 (0.07)	-4.82 (0.00)**	0.24 (0.07)	-5.02 (0.00)**	0.24 (0.07)	-5.06 (0.00)**
行业摘帽	0.01 (0.002)	3.82 (0.00)**								
企业规模	0.17 (0.03)	5.21 (0.00)**	0.74 (0.04)	-5.03 (0.00)**	0.74 (0.04)	-5.17 (0.00)**	0.74 (0.04)	-5.24 (0.00)**	0.74 (0.04)	-5.43 (0.00)**
企业年龄	0.06 (0.01)	10.27 (0.00)**	0.97 (0.01)	-2.89 (0.004)**	0.97 (0.01)	-2.91 (0.00)**	0.97 (0.01)	-2.70 (0.004)**	0.97 (0.01)	-2.69 (0.01)**
企业冗余度	-1.06 (0.13)	-8.44 (0.00)**	2.32 (1.26)	1.54 (0.12)	2.28 (1.25)	1.51 (0.13)	2.40 (1.30)	1.60 (0.11)	2.35 (1.29)	1.56 (0.12)

95

续表

解释变量	阶段1 摘帽 系数(稳健标准误差)	阶段1 摘帽 z值(p值)	阶段2 摘帽 模型1 让步比(稳健标准误差)	阶段2 摘帽 模型1 z值(p值)	阶段2 摘帽 模型2 让步比(稳健标准误差)	阶段2 摘帽 模型2 z值(p值)	阶段2 戴帽 模型3 让步比(稳健标准误差)	阶段2 戴帽 模型3 z值(p值)	阶段2 戴帽 模型4 让步比(稳健标准误差)	阶段2 戴帽 模型4 z值(p值)
企业利润率	0.35 (0.06)	5.67 (0.00)***	0.06 (0.01)	−16.95 (0.00)***	0.06 (0.01)	−16.67 (0.00)***	0.06 (0.01)	−17.56 (0.00)***	0.06 (0.01)	−17.35 (0.00)***
销售增长	0.01 (0.004)	3.76 (0.00)***	1.03 (0.01)	2.77 (0.01)**	1.03 (0.01)	2.53 (0.01)*	1.03 (0.01)	2.51 (0.01)*	1.03 (0.01)	2.30 (0.02)*
股权集中度	0.01 (0.002)	8.91 (0.00)***	0.97 (0.004)	−7.09 (0.00)***	0.97 (0.004)	−7.41 (0.00)***	0.97 (0.004)	−7.53 (0.00)***	0.97 (0.004)	−7.82 (0.00)***
董事会独立性	0.99 (0.75)	1.31 (0.19)	0.10 (0.08)	−3.02 (0.00)**	0.11 (0.10)	−2.68 (0.01)*	0.10 (0.07)	−3.11 (0.00)**	0.11 (0.09)	−2.75 (0.01)**
董事会性别	0.81 (0.22)	3.65 (0.00)***	0.36 (0.22)	−1.66 (0.09)†	0.36 (0.23)	−1.62 (0.11)	0.37 (0.22)	−1.65 (0.10)	0.36 (0.23)	−1.62 (0.11)
董事会年龄	0.02 (0.01)	1.87 (0.06)†	1.00 (0.02)	0.29 (0.77)	1.00 (0.02)	−0.26 (0.80)	1.00 (0.02)	−0.20 (0.84)	1.00 (0.02)	−0.16 (0.87)
Wald chi²(Log likelihood)	(−1356.10)		4691.04 (−431.37)		5394.07 (−430.15)		6296.90 (−430.44)		3374.12 (−429.25)	

注：N（阶段1）= 4057；N（阶段2）= 2807；控制了年份和行业固定效应；*** $p<0.001$，** $p<0.01$，* $p<0.05$，† $p<0.10$。

5 又陷入同样的困境？网络嵌入视角下的企业失败再犯

表 5-4 重复特殊处理的 Cox 模型回归结果（政治关联的替代测量）

解释变量	模型1 让步比（稳健标准误差）	模型1 z值（p值）	模型2 让步比（稳健标准误差）	模型2 z值（p值）	模型3 让步比（稳健标准误差）	模型3 z值（p值）	模型4 让步比（稳健标准误差）	模型4 z值（p值）	模型5 让步比（稳健标准误差）	模型5 z值（p值）
连锁董事网络中心度			0.93 (0.02)	-3.76 (0.00)***	0.94 (0.02)	-3.63 (0.00)***	0.94 (0.02)	-3.83 (0.00)***	0.94 (0.02)	-3.74 (0.00)***
政治关联			2.11 (0.40)	3.98 (0.00)***	2.10 (0.39)	3.98 (0.00)***	2.07 (0.37)	4.06 (0.00)***	2.07 (0.37)	4.04 (0.00)***
连锁董事网络中心度*合作伙伴绩效不佳					1.50 (0.12)	4.99 (0.00)***			1.52 (0.13)	4.99 (0.00)***
政治关联*区域市场发展							0.83 (0.10)	-1.65 (0.09)†	0.81 (0.09)	-1.75 (0.038)*
合作伙伴绩效不佳	1.43 (0.45)	1.13 (0.26)	1.45 (0.37)	1.45 (0.15)	2.22 (0.66)	2.69 (0.01)**	1.50 (0.37)†	1.46 (0.14)†	2.25 (0.67)	2.73 (0.01)**
区域市场发展	0.89 (0.05)	-2.09 (0.04)*	0.90 (0.05)	-1.94 (0.05)*	0.91 (0.05)	-1.73 (0.08)†	0.89 (0.05)	-1.92 (0.06)†	0.91 (0.05)†	-1.69 (0.09)†
企业规模	0.84 (0.04)	-3.67 (0.00)***	0.84 (0.04)	-3.67 (0.00)***	0.84 (0.04)	-3.80 (0.00)***	0.84 (0.04)	-3.71 (0.00)***	0.84 (0.04)	-3.83 (0.00)***
企业年龄	0.99 (0.01)	-1.11 (0.27)	0.99 (0.01)	-0.91 (0.37)	0.99 (0.01)	-0.98 (0.33)	0.99 (0.01)	-0.87 (0.39)	0.99 (0.01)	-0.95 (0.34)
企业冗余度	1.12 (0.50)	0.25 (0.80)	1.22 (0.56)	0.44 (0.66)	1.21 (0.56)	0.41 (0.69)	1.26 (0.57)	0.51 (0.61)	1.24 (0.57)	0.47 (0.64)
企业利润率	0.12 (0.02)	-15.96 (0.00)***	0.12 (0.02)	-16.32 (0.00)***	0.12 (0.02)	-15.90 (0.00)***	0.12 (0.02)	-16.80 (0.00)***	0.12 (0.02)	-16.38 (0.00)***
销售增长	1.03 (0.01)	2.87 (0.00)***	1.03 (0.01)	2.99 (0.00)***	1.03 (0.01)	2.72 (0.00)**	1.03 (0.01)	2.80 (0.00)**	1.03 (0.01)	2.55 (0.01)**
股权集中度	0.98 (0.00)	-5.92 (0.00)***	0.98 (0.00)	-6.67 (0.00)***	0.98 (0.00)	-6.95 (0.00)***	0.98 (0.00)	-6.71 (0.00)***	0.98 (0.00)	-7.02 (0.00)***

97

续表

解释变量	模型1 让步比(稳健标准误差)	模型1 z值(p值)	模型2 让步比(稳健标准误差)	模型2 z值(p值)	模型3 让步比(稳健标准误差)	模型3 z值(p值)	模型4 让步比(稳健标准误差)	模型4 z值(p值)	模型5 让步比(稳健标准误差)	模型5 z值(p值)
董事会独立性	0.05 (0.04)	-3.95 (0.00)***	0.04 (0.03)	-4.03 (0.00)***	0.05 (0.04)	-3.70 (0.00)***	0.04 (0.03)	-4.12 (0.00)***	0.05 (0.04)	-3.79 (0.00)***
董事会性别	0.66 (0.43)	-0.64 (0.52)	0.75 (0.47)	-0.45 (0.65)	0.75 (0.50)	-0.44 (0.66)	0.78 (0.49)	-0.39 (0.70)	0.79 (0.50)	-0.37 (0.71)
董事会年龄	1.02 (0.01)	1.36 (0.17)	1.02 (0.02)	1.06 (0.29)	1.02 (0.02)	1.09 (0.28)	1.02 (0.02)	1.08 (0.28)	1.02 (0.02)	1.11 (0.27)
年份和行业固定效应	Y		Y		Y		Y		Y	
Wald chi²	4246.15		10012.71		4164.28		9054.88		10829.21	
Log likelihood	-440.35		-438.22		-436.97		-438.02		-436.71	

注：$N=2885$；*** $p<0.001$，** $p<0.01$，* $p<0.05$，† $p<0.10$。

表 5-5 重复特殊处理的 Cox 模型回归结果（合作伙伴绩效不佳的替代测量）

解释变量	模型1 让步比（稳健标准误差）	模型1 z值（p值）	模型2 让步比（稳健标准误差）	模型2 z值（p值）	模型3 让步比（稳健标准误差）	模型3 z值（p值）	模型4 让步比（稳健标准误差）	模型4 z值（p值）	模型5 让步比（稳健标准误差）	模型5 z值（p值）
连锁董事网络中心度			0.93 (0.01)	-4.43 (0.00)***	0.94 (0.02)	-3.08 (0.00)**	0.93 (0.01)	-4.45 (0.00)***	0.94 (0.02)	-3.16 (0.00)**
政治关联			1.64 (0.30)	2.70 (0.01)**	1.64 (0.28)	2.87 (0.00)**	1.72 (0.32)	2.90 (0.00)**	1.73 (0.31)	3.10 (0.00)**
连锁董事网络中心度*合作伙伴绩效不佳					1.59 (0.23)	3.13 (0.00)**			1.57 (0.23)	3.11 (0.00)**
政治关联*区域市场发展					0.81 (0.08)	0.81 (0.08)	-2.20 (0.03)*	0.81 (0.08)	-2.15 (0.03)*
合作伙伴绩效不佳	2.17 (0.85)	1.97 (0.05)*	1.88 (0.67)	1.77 (0.08)†	3.48 (1.61)	2.69 (0.01)**	1.82 (0.65)	1.69 (0.09)†	3.32 (1.53)	2.60 (0.01)**
区域市场发展	0.90 (0.04)	-2.23 (0.03)*	0.90 (0.04)	-2.14 (0.03)*	0.91 (0.05)	-1.80 (0.07)†	0.91 (0.04)	-2.03 (0.04)*	0.92 (0.05)	-1.71 (0.09)†
企业规模	0.84 (0.04)	-3.90 (0.00)***	0.85 (0.04)	-3.65 (0.00)***	0.85 (0.04)	-3.46 (0.00)***	0.85 (0.04)	-3.75 (0.00)***	0.85 (0.04)	-3.56 (0.00)***
企业年龄	0.99 (0.01)	-1.23 (0.22)	0.99 (0.01)	-0.51 (0.61)	0.99 (0.01)	-0.52 (0.61)	0.99 (0.01)	-0.52 (0.60)	0.99 (0.01)	-0.51 (0.61)
企业冗余度	1.11 (0.48)	0.24 (0.81)	1.16 (0.49)	0.34 (0.73)	1.22 (0.50)	0.48 (0.63)	1.20 (0.52)	0.43 (0.67)	1.26 (0.53)	0.56 (0.57)
企业利润率	0.12 (0.02)	-16.32 (0.00)***	0.12 (0.02)	-16.19 (0.00)***	0.12 (0.02)	-16.28 (0.00)***	0.12 (0.02)	-16.14 (0.00)***	0.12 (0.02)	-16.14 (0.00)***
销售增长	1.03 (0.01)	3.01 (0.00)**	1.03 (0.01)	3.30 (0.00)***	1.03 (0.01)	3.20 (0.00)**	1.03 (0.01)	2.97 (0.00)**	1.03 (0.01)	2.93 (0.00)**
股权集中度	0.98 (0.00)	-5.97 (0.00)***	0.98 (0.00)	-6.87 (0.00)***	0.98 (0.00)	-6.68 (0.00)***	0.98 (0.00)	-7.58 (0.00)***	0.98 (0.00)	-7.36 (0.00)***

续表

解释变量	模型1 让步比(稳健标准误差)	模型1 z值(p值)	模型2 让步比(稳健标准误差)	模型2 z值(p值)	模型3 让步比(稳健标准误差)	模型3 z值(p值)	模型4 让步比(稳健标准误差)	模型4 z值(p值)	模型5 让步比(稳健标准误差)	模型5 z值(p值)
董事会独立性	0.05 (0.03)	-4.13 (0.00)***	0.04 (0.03)	-4.44 (0.00)***	0.04 (0.03)	-4.11 (0.00)***	0.04 (0.03)	-4.45 (0.00)***	0.04 (0.03)	-4.14 (0.00)***
董事会性别	0.61 (0.39)	-0.77 (0.44)	0.64 (0.38)	-0.74 (0.46)	0.67 (0.38)	-0.70 (0.48)	0.67 (0.40)	-0.68 (0.50)	0.69 (0.39)	-0.65 (0.51)
董事会年龄	1.02 (0.01)	1.35 (0.18)	1.02 (0.01)	1.11 (0.27)	1.02 (0.01)	1.25 (0.21)	1.02 (0.01)	1.20 (0.23)	1.02 (0.01)	1.33 (0.18)
年份和行业固定效应	Y		Y		Y		Y		Y	
Wald chi²	13146.11		8546.34		7863.47		11745.41		5662.56	
Log likelihood	-439.70		-437.36		-435.67		-436.54		-434.93	

注：$N=2885$；*** $p<0.001$，** $p<0.01$，* $p<0.05$，† $p<0.10$。

5.5 结论与启示

5.5.1 主要结论

本研究关注于失败学习的持久性，并对为什么组织在从以前的失败中吸取教训后，随着时间的推移再次犯类似的错误产生了新的见解。通过整合组织学习理论和网络嵌入视角，我们研究了嵌入在不同类型网络的复兴企业如何以不同方式陷入重复失败。基于 ST 政策的背景和对我国从 ST 状态中恢复的上市公司的实证调查，结果表明，连锁董事网络中心度对摘帽公司再次戴帽的可能性有抑制作用，而绩效不佳的伙伴放大了这种负面影响。此外，我们发现政治关联对摘帽企业再次戴帽的可能性有促进作用，而且这种影响在市场更发达的地区得到加强。

5.5.2 理论贡献

本研究对现有文献有三个方面的理论贡献。

第一，我们的研究结果从理论上和实践上提出并解决了失败学习不持续的问题，丰富了组织学习文献。现有的研究通常集中在探讨失败学习的驱动因素（Madsen and Desai, 2010），但对重复失败的关注有限。找出组织重复失败的原因很有必要，因为持续的失败学习对于防止未来的错误是至关重要的，而这种失败后的学习过程是可以变化的。通过从网络嵌入的视角探索哪些类型的组织可以（或不能）不断地从以前的失败中学习，本研究是最早从理论和实证上检验组织重复失败的驱动因素的研究之一，这响应了 Desai 等（2017）在组织学习研究中的呼吁，并为回答为什么组织在从过去的失败中学习后再次失败提供了新的解释。

第二，我们对失败学习和网络嵌入角度文献进行整合，以研究社会网络如何影响失败再犯的学习过程。虽然现有的研究呼吁在理论上将其他组织视角引入组织学习理论，以探索失败学习的不连续（Desai et al.，2017），但很少有研究试图将其他理论整合进来并通过实证方法探索失败学习的持久性。基于并超越现有的失败和组织特征的研究（Dahlin et al.，2018），我们深入探讨了组织的社会网络如何影响失败学习持久性，从更广泛的组织视角对组织重复失败发生的原因进行了理论解释。

第三，我们通过揭示网络嵌入性是组织失败再犯的关键决定因素，以及识别多种网络在失败学习中断中的不同作用，推进了社会网络研究。超越以往在广泛背景下关注某一类型网络的研究，我们提出了将网络类型与具体的企业情况结合起来确定不同网络功能的必要性。由企业最高管理者建立的管理关系，包括连锁董事关系和政治关联，都是转移关系特定的资源和适当的企业行为合法性的关键渠道（Luk et al.，2008；Peng and Luo，2000），尤其是在制度支持薄弱的背景下，这无疑会对学习知识的动机和能力产生重大影响（Dahlin et al.，2018；Desai et al.，2017）。结合组织学习文献和网络嵌入视角，我们的研究揭示了连锁关系和政治关系在高风险企业的组织学习过程中的独特作用。

5.5.3 实践启示

本研究为经历过失败或正在经历失败的组织提供了重要的实践意义。

第一，组织应该意识到保留从以前的失败中所学知识的重要性，以避免重复失败。鉴于高管在组织学习过程中的重要性（Pellegrini et al.，2020），组织应该谨慎关注高管在促进或抑制重复失败方面的作用。例如，管理者应该培养持续学习的文化，建立激励规范，制定有效的制度，鼓励员工分享从以前的失败中学到的知识或信息。

第二，我们的研究结果揭示了在失败学习过程中与高层管理者相关的社会资本的光明面和政治资本的黑暗面。为了长期有效地进行学习，组织应该适当地利用高管的社会关系（Carmeli et al.，2012）。特别是，高管应积极与其他公司的同行建立连锁关系，保持可靠的关系，避免财务目标分散，过度依赖政府。此外，失败转型后的组织可以关注外部环境的条件，如合作伙伴的特征、所处区域的市场定位等，以防止再次失败。例如，管理者可以以成功的同行为标杆，加强企业间的沟通，持续学习。

除了组织，政府和公众都应该采取一定的措施来提高企业的持续学习。政府可以制定相关政策，限制戴帽的频率。例如，政策制定者可以对重复戴帽的公司制定更严格的监管或股票流动。此外，还应鼓励公众，如证券分析师和媒体，关注复兴企业，进行后续报道，并施加外部压力来监督公司的持续学习。行业协会可以开展援助项目和举办行业论坛，促进组织间关于持续失败学习的信息交流。

5.5.4 局限性和未来研究

我们的研究有几个局限性，这为未来的研究提供了机会。

第一，我们认为，社会网络对组织重复失败的影响的潜在机制是，这种类型的关系是否以及如何影响企业从过去错误中学习知识的动机和能力。然而，由于相关数据不可得，我们无法检验这种机制。未来的研究可以通过使用其他研究方法，如访谈或调研来解决这个问题。

第二，我们探讨了连锁关系和政治关系在影响组织重复失败中的不同作用。未来的研究可以考察其他社会关系，如联盟关系，是否会以不同的方式影响学习过程和重复失败（Klein et al.，2021）。此外，网络嵌入性文献强调了社会关系的好处和限制（Poldony and Page，1998；Uzzi，1996）。在本研究中，我们只发现连锁关系在持续失败学习中的线性促进作用。针对曲线效应的稳健性检验进一步支持了我们的论点。未来的研究可以探索这种影响在不同条件下是如何变化的，比如在不同的经济体或不同类型的失败事件中。

6

首席执行官童年创伤、社会网络与战略风险承担

6.1 研究简介

高阶理论强调，首席执行官（CEO）的各种经验是企业战略决策异质性的关键决定因素，这是战略管理和组织理论的核心主题（Campbell et al.，2019；Hambrick and Mason，1984）。近期，学者已经开始将他们的注意力从 CEO 的成年后的工作经验，包括任期（Boeker，1997）、财务经验（Custódio and Metzger，2014）和国际经验（Herrmann and Datta，2006）转移到 CEO 早期生活的非工作经验，包括出生顺序（Campbell et al.，2019）和童年的社会阶层（kesh-gephart and Campbell，2015），对他们的观点和决策的影响。本研究主要关注于 CEO 的童年经历。

童年创伤，包括与实际或威胁死亡、严重伤害或其他对身体完整性的威胁的对抗，如自然灾害、战争和饥荒，一直是儿童心理学和儿童创伤理论的关注点（Copeland et al.，2007；La Greca et al.，1996；Levy，1945）。经历过创伤事件的儿童很可能出现长期的创伤后应激（PTS）症状，如旅行焦虑、非理性恐惧、睡眠障碍和其他消极的心理和行为问题（Ehlers et al.，2003；La Greca et al.，1996；Münzer et al.，2017）。即使在成年后，他们仍然受到创伤性事件导致的应激障碍的影响，因为它可能在他们的大脑中引起永久性的生理和生物变化（Janoff-Bulman，1992；Lyoo et al.，2011；Vogel and Bolino，2020；Yule et al.，1999）。

尽管童年创伤在儿童心理学和儿童创伤理论中已经研究了几个世纪，但不幸的是，组织研究人员对童年创伤如何影响 CEO 的战略决策，特别是战略风险承担知之甚少。Wiklund 等（2020）认为精英的心理状况、决策和结果之间的联系是一个"令人兴奋和有前途的新领域"，呼吁学者们关注这一话题。鉴于此，我们的第一个问题是：CEO 童年时期的创伤经历会影响其战略风险承担吗？如果影响，是如何影响的？

不同于其他早期生活经历，如出生顺序和社会阶层，儿童面临的创伤事件是非同寻常的，不可控制的，压倒性的（Bovin and Marx, 2011；Ehler and Clark, 2000；Foa et al., 1995）。创伤性事件会引发持久的创伤后应激症状，如恐惧和焦虑，以及旨在自我保护的行为（Ehlers and Clark, 2000）。因此，通过回答这个问题，我们增加了对 CEO 经历的新见解，充实对 CEO 早期生活经历的研究（Campbell et al., 2019；Cox and Cooper, 1989；Kish-Gephart and Campbell, 2015）。

因为创伤性事件导致的创伤后应激影响可以持续很长时间（Janoff-Bulman, 1992；Yule et al., 1999），儿童创伤文献的一个关键目的是确定可以减轻创伤后应激对儿童影响的因素，即使他们已经成年（Alisic, 2011；Ehlers et al., 2003；Münzer et al., 2017）。研究人员提出的一个关键因素是社会网络（Creamer et al., 1992；Matthey et al., 1999；Platt et al., 2014）。社会网络视角"关注社会系统中行动者之间关系的特征模式，而不是个体行动者本身的特征，并研究这些社会结构如何约束网络成员的行为"（Hall and Wellman, 1985）。社会网络理论的核心思想是，网络的社会结构对个体负有很大的责任；因此，一个人的行为和情绪反应是由信息流和资源流塑造的（Berkman et al., 2000）。

基于上述文献，我们研究了社交网络如何调节 CEO 童年创伤与战略风险承担之间的关系。组织研究人员提出了社会网络的两个相互竞争的功能：社会支持和社会压力（Pontikes et al., 2010；Schepker and Barker, 2018；Wiesenfeld et al., 2008）。社会支持视角认为，社会网络作为社会资本，为 CEO 提供必要的资源、权力和自我安全，从而促进积极的心理感受，如心理安全、信心和自我效能（Schulte et al., 2012；Wiesenfeld et al., 2008）。相反，社会压力视角认为，社交网络可能会提高 CEO 的地位和可视度，增加了 CEO 对自己和他人对其的期望，从而导致自我保护、焦虑和损失厌恶（Pontikes et al., 2010）。考虑到这两种相互竞争的功能，我们提出了第二个问题：当 CEO 做出风险决策时，社交网络是否减轻或加强了童年创伤对他们的创伤后应激的影响？我们关注两种类型的社交网络：精英网络和政治网络（Opper et al., 2017）。

我们的研究有四个主要贡献。

第一，通过关注 CEO 的童年创伤，我们引入了一种可能影响 CEO 战略决策的早期生活经历。因此，我们为高阶理论的研究做出了贡献，并从儿童心理学的角度扩展了我们对 CEO 早期生活经历与企业决策异质性之间关系的理解（Campbell et al., 2019；Kish-Gephart and Campbell, 2015）。

第二，我们通过将儿童创伤理论嵌入组织和战略研究中，为儿童创伤理论做出贡献。我们拓宽了对儿童创伤的持久和缓解影响的理解，并扩展了儿童创伤理论的理论边界（Alisic, 2011；Ehlers et al., 2003；Münzer et al., 2017）。

第三，我们还通过检验儿童心理学中两个相互竞争的论点——社会支持和社会压力——对社会网络视角做出重要贡献（Pontikes et al., 2010；Tian et al., 2021；Schepker and Barker, 2018；Wiesenfeld et al., 2008）。我们丰富了对存在于更微妙环境中的社交网络功能的理解。

第四，这项研究丰富了一系列关注个人早期生活经历对金融风险态度直接影响的金融文献（Bernile et al., 2017；Malmendier and Nagel, 2011；Malmendier et al., 2011）。我们的研究通过将社会网络作为基本条件，扩展了我们对个人早期生活经历影响的理解。

6.2 理论与假设

6.2.1 高阶理论

高阶理论探索 CEO 的特征如何影响公司的战略决策（Hambrick，2007；Hambrick and Mason，1984）。有限理性理论（Cyert and March，1963）意味着"信息复杂、不确定的情况是不客观可知的，而只是可以解释的"（Hambrick，2007，p. 334）。但是，高阶理论提出，战略决策者根据自身的特点和经验，对企业所面临的情况进行筛选和理解。

基于高阶理论的战略管理研究强调 CEO 特征在战略决策中的关键作用以及这些特征如何影响公司战略和绩效（Hambrick and Mason，1984）。基于高阶理论的一系列研究专注于心理属性的功能，包括傲慢（Tang et al.，2015）、自恋（Tang et al.，2018）、焦虑（Mannor et al.，2016）和政治意识形态（Christensen et al.，2015），并认为 CEO 的个性和价值观塑造了他们领导公司时的视角。

另一组文献表明，CEO 们过去的经历可以解释他们在战略决策（包括承担风险）上的差异。大量研究认为，与工作相关的经验，如任期和职能背景，决定了高管过滤环境信息的方式，以及他们如何解释业务问题，从而影响他们的战略决策（Boling et al.，2016；Crossland et al.，2014；Custódio and Metzger，2014）。研究人员发现，CEO 任期与公司的创业导向有关（Boling et al.，2016），高管的财务经验会影响他们的信息处理，并最终影响他们的战略决策（Custódio and Metzger，2014）。

虽然对高管经验的研究拓宽了我们对 CEO 战略决策的理解，但目前的研究表明，仅仅关注 CEO 成年后与工作有关的经历可能存在局限性，应该更多地关注 CEO 早年的非工作相关经历，包括出生顺序和社会阶层

（Campbell et al.，2019；Kish-Gephart and Campbell，2015）。儿童创伤理论认为，即使在他们成年后，儿童创伤"可以导致严重和长期的损害"，"儿童可能会表现出对日常生活的所有领域都有负面影响的精神和身体困难"（Alisic，2011）。因此，童年创伤可能会产生重要影响，即使对CEO来说也是如此。考虑到儿童创伤理论，我们认为童年创伤可能会对CEO产生长期的创伤后应激影响，从而影响他们的冒险决策。

经历过童年创伤意味着"一个人经历、目睹或遭遇了一件或多件涉及死亡或死亡威胁或严重伤害的事件，或对自己或他人身体完整性的威胁"（Alisic，2011）。研究考虑了交通事故（Landolt et al.，2005）、自然灾害（La Greca et al.，1996）、战争（Ehntholt and Yule，2006）和饥荒（Geber，2016）引起的儿童创伤。我们通过在儿童创伤理论的基础上提出一个新理论来促进对CEO经验与战略冒险决策之间的关联的理解。

6.2.2 儿童创伤理论与长期的创伤后应激效应

童年创伤，表现为极端的、无法控制的和压倒性的经历（Boling et al.，2016；Bovin and Marx，2011；Foa et al.，1995），有许多负面的心理和行为后果。儿童创伤理论表明，经历创伤性事件的儿童有可能发展出长期的创伤后应激效应，这是一种以侵入性思想、逃避、焦虑、恐惧、不安全感和过度兴奋交替状态为特征的心理状态（Ehlers et al.，2003；Vogel and Bolino，2020）。童年创伤会造成创伤后应激效应，主要是因为这些事件通过挑战用于理解社会世界的三个假设，打破了孩子们认为自己不会受伤害的观念——即"它不会发生在我身上"的想法：①他们的世界是安全的，②人们通常对他们是仁慈的，③他们是有价值的（Janoff-Bulman，1992）。然而，包括自然灾害、性虐待和战争在内的创伤性事件破坏了这些假设。因此，创伤性事件的经历使孩子们相信这个世界不安全，其他人不值得信任，他们自己非常脆弱。

即使在经历过创伤的儿童成年数年后，他们仍然可以经历创伤后应激效应，并在日常和工作生活的每个方面感受到创伤后应激的持久影响（Ehler and Clark，2000；Janoff-Bulman，1992；Yule et al.，1999）。根据神经科学和表观遗传学的观点，创伤产生长期影响的原因是，不良经历会影响随后的行为，这是大脑中发生的永久性生理和生物变化的结果（Boling et al.，2016；Lyoo et al.，2011）。如果创伤在生理上改变了大脑的发育和功能，那么早期的创伤经历可能会对个人的心态和行为产生长期影响，即使在儿童成年后也是如此。Vogel 和 Bolino（2020）认为，虐待性监督实际上是下属经历的一种心理创伤，即使在虐待性监督结束后，其影响也会持续很长一段时间。

与个人创伤的概念相关，社会创伤是指由影响一个社会群体的重大社会暴力、种族灭绝、战争或自然灾害引起的一组创伤后障碍，从而也影响到该群体中的个人（Hamburger，2020）。因此，社会创伤的概念也描述了原始创伤在长期社会过程中的阴影，无论是在个人、家庭、群体还是群体间的层面。之前的研究发现，社会创伤可能导致个体创伤，从而影响个体未来的决定和行为（Callen et al.，2014；Donaldson，1990；Graham and Narasimhan，2004）。例如，Malmendier 和 Nagel（2011）提出，在大萧条时期长大的 CEO 对外部资本市场的信心较低，因此过度依赖内部融资。Bucciol 和 Zarri（2013）发现，自然灾害经历和失去孩子对投资者的风险投资决策有长期的负面影响。Bernile 等（2017）认为，早年遭遇致命灾难可能会影响 CEO 对经济风险的态度。

6.2.3 CEO 童年创伤和战略风险承担

我们基于儿童创伤理论提出，CEO 的童年创伤会产生长期的创伤后应激效应，进而影响 CEO 成年后的战略风险承担。风险承担是 CEO 的核心决策（Baird and Thomas，1985）。我们认为，童年创伤与 CEO 的战略风险承担呈负相关，因为早期的创伤经历会影响他们对世界的解释以及对风险的心理感受和情绪，这种情绪会持续到成年（Bernile et al.，2017）。

因为暴露于创伤事件的个体面对极具挑战性的生活环境，他们更有可能经历自我概念的变化和创伤后应激效应。长期创伤后应激效应，包括焦虑、压力、恐惧和心理不安全感，会增加风险厌恶和对风险后果的敏感性（Vogel and Bolino，2020）。社会心理学的研究表明，决策往往是由个人的情绪和心理状态驱动的，如焦虑、压力和恐惧（Loewenstein and Lerner，2003）。这些研究发现，恐惧和焦虑会增加风险规避（Lerner et al.，2015；Lerner and Keltner，2001）。因此，风险态度不是永久的偏好，而是可以根据不同的情绪和心理输入而改变的态度。因此，遭受创伤的CEO会发展出较低的风险承受能力，并倾向于表现得更保守，以避免可能导致回忆与创伤事件相关的负面事件、情绪和身体症状的危险情况。

经验证据证实了早期生活创伤导致成人风险厌恶的观点（Bucciol and Zarri，2013；Kim and Lee，2014；Moya，2018）。Kim和Lee（2014）发现，在朝鲜战争期间长大的孩子在50年后仍然比那些没有经历过朝鲜战争的孩子更容易规避风险。Moya（2018）利用哥伦比亚暴力受害者的数据发现，受害者表现出心理创伤症状，严重暴力导致他们在经济决策中规避风险的程度更高。与Moya（2018）认为灾害严重程度与受害者对风险的态度之间存在线性关系不同，我们提出了一个曲线关系，并强调社会网络是关键条件。Bucciol和Zarri（2013）发现自然灾害和失去孩子会对投资者的风险投资决策产生长期的负面影响。

此外，随着CEO童年创伤暴露水平的增加，由于心理对创伤暴露的适应，对战略风险承担的负面影响会减弱（Langs，1997；Some et al.，1996）。当童年创伤暴露变得严重时，CEO的心理适应能力会增强，从而降低长期创伤后应激的边际效应。因此，CEO童年创伤暴露对长期创伤后应激的影响可能不是相等的，而是递减的。因此，本研究提出：

假设 1：随着 CEO 童年创伤暴露程度的增加，战略风险承担会减少，但减少的速度递减。

6.2.4 创伤后应激和社会网络的影响：社会支持和社会压力

虽然童年创伤会导致长期的创伤后应激，但并非所有经历过童年创伤的人都会以同样的方式遭受痛苦。对于其中一些人来说，疼痛可以在以后的生活中减轻或治愈（Bonanno，2004）。影响创伤后应激效果的关键因素之一是社会网络（Creamer et al.，1992；Matthey et al.，1999；Platt et al.，2014）。社会网络理论认为，社会网络在很大程度上决定了个人行为和态度，因为它们塑造了资源的流动，决定了获得机会的途径，并对行为设置了约束（Berkman et al.，2000）。一种研究强调了社会网络对创伤后应激影响的缓冲作用，因为社会网络可以提供社会支持，通过减少恐惧、焦虑和心理不安全感来帮助缓解创伤后应激的影响（Alisic，2011）。社会支持包括情感支持，指的是他人给予的爱和关心、同情、理解和/或尊重或价值的数量；工具性支持，指的是帮助或有形需求的援助（Thoits，1995）。两种类型的社会支持都能导致积极的心理状态，包括自我效能感、自尊、自信和心理安全（Berkman et al.，2000）。Priesemuth 等（2014）认为增强员工之间的社会纽带有助于补救下属因滥用监管而产生的痛苦。Norman 等（2013）发现社会关系可以通过减少社会孤立和帮助创伤个体享受正常的社会生活来缓解创伤后应激的影响。

相反，另一类文献强调，社交网络会负向调节创伤引起的创伤后应激的影响，因为它们会导致较高的社会压力（Bastian et al.，2017；Berkman et al.，2000）。Chow 和 Chan（2008）发现，拥有广泛社交网络的组织成员感受到更大的社会压力去分享知识，即使他们不愿意这么做，因为强大的关系会导致高期望。Berkman 等（2000）认为，由于社会比较过程，社会压力来自有联系的同伴，这是几种负面情绪的预测因素，包括抑郁和焦虑,以及吸烟等不健康行为。研究人员发现,避免经历或表达负面情绪的社会压力会产生各种负面心理后果,如负面情绪增加,抑郁和压力,以及心理安全性降低(Bastian et al.,2015)。

简言之,社会网络具有相互竞争的功能,可以减轻或恶化创伤性事件引起的创伤后应激的影响,如社会支持和社会压力。在我们的研究环境中,我们决定关注两种类型的社会网络:精英网络和政治网络,它们可以减少环境的不确定性并提供竞争优势,特别是在我国(Peng and Luo,2000)。CEO 的精英网络是指他们与高级精英(高管和董事)的人际关系,而 CEO 的政治网络是指他们与政府官员的人际关系(Gulati and Westphal,1999;Peng and Luo,2000)。精英网络作为高层管理人员之间的信息传播的有效平台,不仅提供了来自其他公司的大量信息和资源,如市场趋势、最新的技术和公司战略(Haunschild and Beckman,1998;Martin et al.,2015),也通过促进高管或公司与环境的整合建立合法性(Boyd,1990;Podolny,1994;Thompson,1967)。然而,在精英网络中处于中心地位并拥有多样化关系的 CEO 通常会吸引更多的关注,并面临利益相关者更大的期望,这可能会导致巨大压力(Rhee and Haunschild,2006)。因为具有高精英网络中心度的 CEO 拥有更多的声望,如果他们不能满足利益相关者的期望,他们可能会相对于地位较低的同行和现有合作伙伴失去更多的声誉(Connelly and Gangloff,2012)。

与精英网络不同,与政府的密切关系是一种有效的非正式制度联系,可以弥补正式制度的不足,尤其是在法律体系不完善的新兴经济体(Luo and Chung,2005;Okhmatovskiy,2010)。政治资源文献表明,政治关系不仅为 CEO 及其公司提供了获取政治资源的特权(例如,低息贷款、政府补贴、税收优惠),而且为他们提供了政治合法性和地位(Faccio,2006;Hillman et al.,1999;Marquis and Qian,2013;Sun et al.,2010)。然而,政治关系可能会产生不利影响,如加强政府干预和降低公司治理效率（Li et al., 2018；Wang et al., 2012；Wang et al., 2018）。具有政治关联的 CEO 在制定公司战略时面临着满足政府期望和完成政府计划的巨大压力（Marquis and Qian, 2014；Okhmatovsky, 2010）。

考虑到维持精英和政治社会网络的利弊，我们认为这两种类型的社会网络会影响 CEO 的信息获取和解释（Bao et al., 2019；Opper et al., 2017），从而影响他们在面对风险和不确定性时的情绪和感受。我们从社会支持和社会压力的角度，就 CEO 的精英网络和政治网络对 CEO 童年创伤和战略风险承担之间关系的调节作用，提出了相互竞争的论点。

1. 精英网络的缓冲与强化作用

鉴于精英网络的优点，我们认为它们可以缓冲 CEO 童年创伤对其战略风险承担的负面影响，原因如下。

第一，拥有众多精英人脉的精神创伤型 CEO 处于高度中心的地位。处于中心位置的个体在面临风险时能够及时获得必要的资源和信息（Yang et al., 2011）。精英网络中心度赋予受创伤的 CEO 较高的社会权力和依赖性，使他们更容易获得他人的支持，包括工具支持和情感支持（Gnyawali and Madhavan, 2001）。Peng 和 Luo（2000）认为，与其他公司领导者的管理网络有助于减少相互合作时的不确定性，从而提高焦点公司的绩效。因此，精英网络中心性降低了与工作和环境有关的不确定性，增强了受到创伤的 CEO 对自己承担风险能力的信心。

第二，会对 CEO 冒险行为产生影响的创伤后应激症状是与不确定性相关的对失败的恐惧和心理安全感的缺乏（Loewenstein and Lerner, 2003）。精英社交网络对 CEO 怀有"善意"，即使 CEO 在冒险方面失败，也会提供同情、信任和原谅（Adler and Kwon, 2002）。如果一个受到心理创伤的 CEO 在冒险方面失败了，他/她可能会相信网络伙伴仍然会对他/她有"善意"，仍然信任他/她的能力，并原谅他/她在冒险方面失败所带来的伤害。Wiesenfeld 等（2008）认为，社交网络可以减轻失败精英企业领导者的耻辱，因为那些与他们有良好关系的人会怀有"善意"，信任，甚至原谅他们。他人的善意可以缓冲创伤型CEO的创伤后应激效应，增强他们承担风险时的心理安全感、自信心和自我效能感。

此外，精英网络中心度可以弱化CEO童年创伤暴露对战略风险承担负向递减的边际效应。在中心精英网络位置下，心理支持和安全感可能会激发CEO对创伤暴露的心理适应，从而缓解其在做出风险决策时的创伤压力和恐惧。反之，低精英网络中心度背后较少的心理支持和对不确定性的安全感会阻碍儿童创伤的心理适应。因此，本研究提出：

假设2a：精英网络中心度缓解了CEO童年创伤暴露与战略风险承担之间的负向递减关系。

社会压力视角主要关注地位责任的逻辑。具有高精英网络中心度的个体处于有利地位，享受着高地位带来的好处。然而，地位高的行动者通常面临更大的期望，吸引更多利益相关者的关注，这导致了满足这些期望的巨大压力（Rhee and Haunschild, 2006）。当这些期望超出CEO的能力时，他/她可能会感到压力、失望、无助、不安全和焦虑。

从社会压力的角度，我们认为精英网络中心度会强化CEO童年创伤对其战略风险承担的负面影响，原因如下。

第一，基于地位责任的观点，我们认为精英网络中心度高的创伤型CEO在实现高目标时感受到更大的压力，从而导致消极的心理和情感感受，包括不安全感、害怕失去和焦虑。这些消极的心理和情绪感受会加剧创伤型CEO在做出风险决策时的创伤后应激效应。Pontikes等（2010）认为社会地位具有广播效应，这意味着违反期望的高地位个体将暴露在整个社会结构中，而"发现"高地位个体实际上的"无能"对于加强担忧和正当化普遍的信息搜寻具有广播效应。精英网络中广播效应的威胁加强了具有高网络中心度的CEO在做出风险决策时的创伤后应激效应。

第二，处于中心地位的精神创伤型CEO过度嵌入现有关系和承诺中。

它们更有可能受到同质化的影响，迫使他们做出符合规范的行为（Perry-Smith and Shalley，2003）。多样化的联系带来的期望和批评，使受到创伤的CEO很难重建他们的自我概念以避免创伤后应激的持久影响，可能增加他们的困惑、不安全感和不确定性水平。因此，具有高精英网络中心度的创伤型CEO在进行风险决策时增强了创伤后应激的作用。

此外，精英网络中心度会强化CEO童年创伤对战略风险承担负向递减的边际效应。精英网络的中心位置放大了CEO的负面心理感受，可能危及CEO的心理适应。相反，当精英网络中心度较低时，CEO对创伤暴露的心理适应更容易因社会压力较低而被激活。因此，本研究提出：

假设2b：精英网络中心度强化了CEO童年创伤暴露与战略风险承担之间的负向递减关系。

2. 政治关联的缓冲和强化作用

从社会支持的角度，我们认为政治关系可以削弱CEO童年创伤对其战略风险承担的负面影响，原因如下。

第一，具有政治关系的精神创伤型CEO在做出风险决策时感受到相对较低的制度不确定性，因为他们的政治关系可以为他们提供有关复杂商业环境的内部信息，甚至是从当局获得的隐性知识（Li and Atuahene-Gima，2001；Musacchio and Lazzarini，2014；Xu et al.，2014）。他们甚至可以游说政府调整政策，这有助于促进他们的产出，保护他们的知识产权，避免恶性竞争（Kotabe et al.，2017；Li et al.，2018）。Peng和Luo（2000）认为，当高管们在不确定的领域行事时，他们有动力与政府官员保持"不成比例的更多接触"，以解决制度不确定性的根源。低不确定性可以通过增加自信、心理安全和自我效能来减轻创伤型CEO在做出风险决策时的创伤后应激症状（如恐惧、心理不安全感和焦虑）的影响。

第二，政治关联是创伤型CEO竞争优势的一个重要方面，因为政治关系可以帮助创伤型CEO获得稀有资源，获得政治合法性（Marquis and

Qian, 2013; Sun et al., 2010)。CEO 与政府官员的关系是一种政治资本，可以减少公司对公司间关系或其他渠道的依赖。没有政治关系的 CEO 更依赖外部关系，从而导致商业环境的不安全感和不确定性。先前的研究表明，拥有政治资本的个人经历较少的负面感受和情绪（Perrewé et al., 2005）。因此，政治关系可以增强遭受创伤的 CEO 的信心和心理安全感，从而缓解创伤后应激效应带来的不确定性。

此外，政治关系可以缓解 CEO 童年创伤暴露对战略风险承担的负面递减效应。政治联系越多，制度不确定性越小，有利于激活 CEO 的心理适应。相反，由于制度不确定性较高，政治关系导致的较少的社会支持可能会阻碍 CEO 对童年创伤暴露的心理适应。因此，本研究提出：

假设 3a：政治关联缓和了 CEO 童年创伤暴露与战略风险承担之间的负向递减关系。

从竞争社会压力的角度来看，我们认为政治关系可以增强创伤型 CEO 在做出风险决策时的创伤后应激效应。

第一，为了维持政府的支持，受到创伤的 CEO 必须满足政府的期望，这可能导致政治关系的成本超过收益，从而阻碍公司的发展（Okhmatovskiy, 2010; Sun et al., 2010）。Bertrand 等（2004）发现，拥有政治关系的 CEO 的公司可能会扭曲他们的雇用决策以支持政治家的目标。Marquis 和 Qian（2013）证明，我国企业中有政治关系的 CEO 更有可能实施实质性的企业社会责任报告，以满足政府的期望。此外，政府的期望和 CEO 的目标可能不同。因为公司业绩是 CEO 能力的一个信号，对政府期望的关注可能会影响受到创伤的 CEO 的市场价值。因此，个人目标与政府期望之间的不一致会进一步加强创伤型 CEO 在做出风险决策时的创伤后应激效应（Zheng et al., 2019）。

第二，在政府过渡或危机期间，政治关系会导致政治不确定性，这可能会使受到创伤的 CEO 处于不确定甚至不利的境地（Siegel, 2007;

Sun et al.，2016）。与一些地方现任政府官员的政治关联可能会为企业提供支持和资源，但随着政府的转型，特别是当敌对的官员主导政治过程时，潜在的风险，如"歧视、资源排斥，甚至剥夺和破坏"（Siegel，2007）可能会成为企业无法承受的负担。例如，Inoue（2020）发现，在政府换届期间，政治家会迫使国企雇用不必要的员工，从而危及企业绩效。与此同时，如果受到心理创伤的 CEO 与地方政府重要官员关系良好，他可能会与这位官员交换好处。然而，在反腐败运动中，政府官员可能因为政治和经济原因而被监禁。受到创伤的 CEO 可能会因为与这个贪官的亲密关系而被污名化，这可能会增加 CEO 在做出风险决策时的负面情绪和感受。当地官员随后被新官员取代，新官员将制定新的政策，并拥有不同的个人关系。因此，向新的地方官员的过渡将增加不确定性，甚至增加遭受创伤的 CEO 的竞争（Sun et al.，2016）。因此，政治关系会放大受到创伤的 CEO 在做出风险决策时对不确定性和焦虑的感知。

此外，政治关系会强化 CEO 童年创伤暴露对战略风险承担的边际效应递减的负面效应。政治关联的增加带来了更高的社会压力，导致创伤后应激效应被放大，阻碍了 CEO 的心理适应。心理安全在政治关系和社会压力较小的情况下，有助于 CEO 激活对创伤暴露的心理适应，从而缓解其在做出风险决策时的创伤压力和恐惧。因此，本研究提出：

假设 3b：政治关系加强了 CEO 童年创伤暴露与战略风险承担之间的负向递减关系。

6.3 方法

6.3.1 研究背景：作为创伤性事件的三年困难时期

先前的研究采用了几种类型的灾难来检验儿童创伤理论，包括战争

（Ehntholt and Yule，2006）、海啸（Thienkrua et al.，2006）、飓风（La Greca et al.，1996）和饥荒（weiglin-schwiedrzik，2003）。根据之前的研究，我们利用我国1959—1961年的三年困难时期来检验我们的理论。这次饥荒是20世纪世界范围内最严重的自然灾害之一（Lin and Yang，2000）。三年困难时期给这一代人带来了许多严重的后果，许多人都受到了创伤，因此有了可怕的记忆。

经历过三年困难时期的儿童不仅面临着可能死亡的威胁，生活在极端的恐惧中，还因为突然失去家人而经历了巨大的痛苦和焦虑，导致身心痛苦（Ehlers et al.，2003）。考虑到1959—1961年三年困难时期的严重程度和先前的研究结果，我们认为三年困难时期是检验我们关于CEO童年创伤理论的合理研究背景（Alisic，2011；Weigelin-Schwiedrzik，2003）。

6.3.2 数据和样本

为了验证这些假设，我们使用了在6~13岁经历了三年困难时期的我国上市公司CEO的样本。我们之所以关注这一时期，是因为对儿童医学和心理问题的研究表明，持久的童年记忆的形成往往在5岁左右开始，而13岁生日是青春期的自然开始或童年早期记忆的自然结束（Bernile et al.，2017）。我们还使用了其他年龄范围来定义童年早期，并在稳健性检验中发现了类似的结果。我们收集了面板数据，包括CEO的人口统计学特征、社交网络、公司特征等信息，以及从万得（WIND）信息公司和中国经济金融研究数据库（CSMAR）收集的其他数据，这两个数据库是中国上市公司使用最广泛的数据库（Yiu et al.，2018）。WIND提供了公司财务业绩和公司规模的数据，CSMAR提供了CEO、公司、连锁网络和其他信息的数据。关于三年困难时期的数据来自Lin和Yang（2000）。剔除缺失值后，我们的数据集中有2049个CEO——年度观测值，其中535个

CEO——年度观测值是在1961年之前出生的,268个观测值是在1959—1961年的童年时期。

6.3.3 测量

战略风险承担。一共有三种类型的风险支出,即资本支出、研发支出和收购支出(Chatterjee and Hambrick,2011)。为了衡量战略风险承担,我们直接将这三种支出的价值相加(Campbell et al.,2019;Chatterjee and Hambrick,2011)。

CEO经历三年困难时期。我们使用CEO在这三年的死亡风险来衡量CEO经历困难的严重程度。三年困难时期各省份每年的死亡率信息来自Lin和Yang(2000)。我们用下面的公式来衡量某一省份出生的CEO在三年困难时期的死亡风险:$p = \left[1 - \prod_{i=1959}^{1961}(1-p_i)\right] \times 100$,$p_i$为CEO在第$i$年的死亡风险,$\prod_{i=1959}^{1961}(1-p_i)$表示在1959—1961年CEO存活的可能性,$p$为1959—1961年CEO的死亡可能性。

CEO的精英网络中心度。为了计算CEO的精英网络中心度,我们首先构建了一个由我国上市公司所有高管组成的连锁网络。如果两个高管在同一年在同一家公司工作,他们被认为有网络联系(Gulati and Westphal,1999)。我们用程度中心度来衡量每个CEO在连锁网络中的中心度(Cowen and Marcel,2011;Tsai and Ghoshal,1998)。

CEO的政治关联。如果CEO在我国政府部门工作,则变量设置为1,否则为0(Marquis and Qian,2013;Zhang et al.,2016)。

控制变量。受之前研究的启发,我们加入了几个CEO层面的控制变量。我们对CEO任期进行了控制,因为先前的工作经验使CEO拥有更多的知识,这有助于CEO在从事风险决策时缓解童年创伤带来的心理焦虑(Wiersema and Bantel,1992)。我们控制了CEO的股份比例,因为这反映了 CEO 的权力，赋予 CEO 做决策的信心和心理安全（Finkelstein，1992；Kang et al.，2021）。研究人员认为，性别会影响儿童创伤后的心理适应和风险规避倾向，从而影响风险决策（Piccinelli and Wilkinson，2000）。因此，我们用一个虚拟变量来控制 CEO 的性别：男性变量设为 1，女性变量设为 0。我们控制了 CEO 的年龄，因为它反映了 CEO 控制童年创伤的情感能力（Herringa，2017）。

此外，我们还包括了几个公司层面的控制变量。我们控制了公司规模，通过员工总数的对数值来衡量。已有文献证明，拥有足够资源的大公司可以为 CEO 的风险决策提供缓冲（Kelly and Amburgy，1991）。我们还控制了企业绩效，用资产回报率（ROA）来衡量，因为企业绩效与企业的冒险决策有关（Yu et al.，2019）。有童年创伤经历的 CEO 在做出风险决策时，可能会因为创伤后应激而对公司绩效反馈有不同的看法。此外，我们使用针对该公司的分析师报告数量的对数值来控制公司注意力，因为分析师是一个重要的利益相关者群体，他们会减弱有童年创伤的 CEO 的压力，从而影响公司决策（Qian et al.，2019）。

为了解释可能影响公司风险承担的治理机制（Lim and McCann，2013），我们控制了公司前十大股东持股比例、公司机构投资者持股比例、国有股份比例、董事会创伤董事比例和董事会规模。大股东与管理层自由裁量权相关（John et al.，2008），这表明公司前十大股东持股比例可能会影响 CEO 在决策时的风险选择和心理状态。企业的机构持股比例反映了企业在多大程度上吸引了外部机构的关注，从而影响 CEO 的决策和风险选择的心理感受。国有企业可以从政府获得足够的资源，因此可能会给 CEO 更多的心理安全感，从而影响风险承担（Li and Tang，2010）。如果企业的实控人是我国政府，则变量设置为 1，否则为 0（Ralston et al.，2006）。我们控制了创伤董事比例，使用董事会中有童年创伤经历的董事比例来衡量，因为董事和 CEO 之间相似的经历可能会在做出风险决策时产生共同的认同感。我们还通过公司董事的数量来控制董事会的规模，这对 CEO 决策起到关键的治理和监督功能。

最后，我们控制了所在地医院数量，以 1961 年之前 CEO 出生地的医院数量来衡量。更好的医疗条件可能会影响三年困难时期 CEO 的健康状况，从而也会影响做出风险决策时的心理安全。所有模型都包括年份固定效应和行业固定效应，以解释与时间和行业相关的未观察到的异质性。

6.3.4 实证分析

样本选择偏差。我们只选择了在童年时期经历过三年困难时期的 CEO 作为样本，这可能导致样本选择偏差问题。因此，我们采用了 Heckman 两阶段模型来解释这种潜在的偏差（Certo et al., 2016; Heckman, 1979, 1997; Tong et al., 2020; Zhang and Qu, 2016）。在第一个阶段，我们加入了几个可能影响公司聘用童年经历过三年困难时期的 CEO 的变量，并将 CEO 的社会地位作为工具变量。CEO 的社会地位可能会影响 CEO 是否会被公司雇用，但不会直接影响战略风险承担（Cao and Smith, 2021; Jiang et al., 2017; Marcel and Cowen, 2014）。首先，社会地位高的 CEO 更有可能被聘用，因为他们可以帮助公司获得稀有资源，从而增加公司的竞争优势和市场力量（Dokko and Rosenkopf, 2010）。然而，具有较高社会地位的 CEO 并不会直接影响战略风险承担，因为社会地位主要指个人声望或来自非商业关系的权力（Finkelstein, 1992），因此并不会直接影响企业内部决策过程（Nutt, 2001）。我们用 probit 回归计算了第一阶段的逆米尔斯比率，并在第二阶段模型中对其进行了控制。

实证模型。为了检验我们的假设，我们使用了广义估计方程（GEEs），因为我们的面板数据中的观察结果不是独立的。GEEs 可以解释公司、CEO 和自相关之间未观察到的异质性，因为随着时间的推移，这些主体被重复测量（Liang and Zeger，1986）。因此，当内生性存在时，可以使用 GEEs。GEEs 模型对多层模型的随机部分结构的假设不太严格，因此可以限制有影响的异常值的影响（Aguinis et al.，2013）。考虑到 GEEs 模型的优点，先前的研究使用 GEEs 对随着时间不变的 CEO 特征进行面板数据研究（Chatterjee and Hambrick，2011）。

由于我们的假设是指数关系，我们为所有 GEEs 模型指定了对数链接函数、泊松族和一阶自回归相关结构（Rönkkö et al.，2021；Villadsen and Wulff，2021）。相关测试证明我们选择的模型是正确的。所有自变量都滞后了一年，以解决逆向因果关系的问题。

6.4 结果

表 6-1 提供了第二阶段分析中使用的所有变量的平均值、标准差和相关性。第二阶段模型中企业规模与国有股份的相关性最高（$r=0.479$）。我们去掉了国有股份这个变量，得到了类似的结果，表明多重共线性并不是一个严重的问题（Kalnins，2018）。

表 6-2 展示了第二阶段 GEEs 模型的结果。假设 1 指出，随着 CEO 童年创伤暴露的增加，战略风险承担将会减少，但减少的速度越来越快。模型 2 显示，三年困难时期中 CEO 的死亡风险对战略风险承担有负向的显著影响（$\beta=-0.002$，$p=0.004$）。此外，这种关系是对数的，因此，随着三年困难时期中 CEO 死亡风险的增加，战略风险承担的下降率降低。研究结果表明，当 CEO 的童年创伤暴露增加 1% 时，战略风险承担将减少约 0.20%［$\exp(-0.002)-1$］。因此，假设 1 得到了支持。

假设 2a 预测，精英网络中心度缓解了 CEO 童年创伤暴露与战略风险承担之间的负向递减关系。相反，假设 2b 预测精英网络中心度强化了 CEO 童年创伤暴露与战略风险承担之间的负向递减关系。模型 3 显示，

表 6-1 描述性统计和相关性

变量	均值	标准差	1	2	3	4	5	6	7	8	9	10	11	12	13	14	15	16
1. 战略风险承担	71.93	184.0																
2. CEO 死亡风险	40.10	12.88	0.068															
3. CEO 政治关联	0.407	0.492	0.050	0.263														
4. CEO 精英网络中心度	19.47	7.047	0.210	−0.140	−0.053													
5. CEO 任期	3.321	2.975	0.091	−0.059	0.021	0.079												
6. CEO 持股比例	0.100	0.166	−0.174	0.128	0.051	−0.281	−0.292											
7. CEO 性别	0.940	0.237	0.078	−0.099	−0.144	0.109	0.112	0.031										
8. CEO 年龄	59.24	3.314	0.056	0.205	0.203	0.038	0.144	0.033	0.080									
9. 企业规模（对数）	7.831	1.149	0.583	0.000	0.076	0.363	0.232	−0.267	0.184	−0.013								
10. 企业绩效	0.064	0.053	0.036	0.142	0.017	−0.163	−0.034	0.116	0.028	−0.003	−0.061							
11. 分析师报告（对数）	2.713	1.231	0.268	0.129	0.062	0.071	0.218	0.037	0.095	0.219	0.366	0.360						
12. 前十大股东持股比例	59.70	15.79	0.128	0.299	0.109	−0.114	−0.440	0.315	−0.179	−0.018	0.016	0.226	0.251					
13. 机构持股比例	0.064	0.102	0.005	−0.121	−0.030	0.106	0.202	−0.179	0.132	−0.025	0.194	0.020	0.234	0.018				
14. 国有股比例	0.362	0.481	0.296	−0.201	−0.181	0.376	0.282	−0.448	0.157	−0.029	0.479	−0.127	0.079	−0.165	0.355			
15. 创伤董事比例	0.148	0.074	0.020	−0.017	−0.093	−0.049	−0.016	−0.102	−0.018	−0.142	−0.076	0.176	−0.111	−0.046	−0.009	0.132		
16. 董事会规模	8.854	1.752	0.064	−0.011	−0.127	0.217	−0.103	−0.158	0.069	−0.104	0.189	0.017	0.108	0.157	0.310	0.329	0.028	
17. 地区医院数量	17.02	11.51	−0.066	−0.078	−0.083	−0.101	0.010	0.197	−0.130	−0.124	0.017	0.012	0.051	0.071	−0.016	−0.012	−0.080	−0.039

注：$N=268$；相关系数的绝对值大于等于 0.08 则在 0.05 的水平上显著相关。

表 6-2 预计战略风险承担的第二阶段 GEEs 模型回归结果

解释变量	模型 1	模型 2	模型 3	模型 4	模型 5
CEO 政治关联	−0.008 (0.062) [0.902]	0.003 (0.009) [0.764]	0.024 (0.054) [0.658]	0.025 (0.138) [0.857]	0.044 (0.047) [0.352]
CEO 精英网络中心度	0.071 (0.060) [0.233]	0.079 (0.007) [0.000]	0.033 (0.041) [0.432]	0.071 (0.061) [0.243]	0.032 (0.038) [0.398]
CEO 任期	−0.010 (0.027) [0.720]	0.029 (0.004) [0.000]	−0.009 (0.024) [0.723]	−0.018 (0.029) [0.540]	−0.017 (0.025) [0.509]
CEO 持股比例	−1.443 (0.816) [0.077]	−1.414 (0.108) [0.000]	−1.718 (0.724) [0.018]	−1.411 (0.841) [0.094]	−1.723 (0.715) [0.016]
CEO 性别	0.084 (0.288) [0.771]	0.147 (0.072) [0.041]	0.266 (0.304) [0.382]	0.074 (0.254) [0.770]	0.311 (0.275) [0.259]
CEO 年龄	0.065 (0.019) [0.001]	0.059 (0.004) [0.000]	0.034 (0.023) [0.139]	0.075 (0.017) [0.000]	0.033 (0.023) [0.146]
企业规模（对数）	0.788 (0.075) [0.000]	0.762 (0.013) [0.000]	0.796 (0.072) [0.000]	0.821 (0.073) [0.000]	0.802 (0.071) [0.000]
企业绩效	2.583 (1.207) [0.032]	3.603 (0.196) [0.000]	3.260 (1.257) [0.010]	1.924 (1.408) [0.172]	2.297 (1.258) [0.068]
分析师报告（对数）	0.163 (0.095) [0.086]	0.121 (0.013) [0.000]	0.126 (0.087) [0.148]	0.156 (0.100) [0.121]	0.123 (0.086) [0.153]
前十大股东持股比例	0.013 (0.005) [0.017]	0.014 (0.001) [0.000]	0.018 (0.006) [0.005]	0.010 (0.007) [0.154]	0.015 (0.007) [0.028]
机构持股比例	−1.798 (0.451) [0.000]	−1.893 (0.105) [0.000]	−2.293 (0.479) [0.000]	−1.668 (0.428) [0.000]	−2.309 (0.455) [0.000]

续表

解释变量	模型1	模型2	模型3	模型4	模型5
国有股比例	0.370 (0.205) [0.072]	0.327 (0.025) [0.000]	0.373 (0.203) [0.066]	0.352 (0.204) [0.085]	0.390 (0.197) [0.047]
创伤董事比例	-2.535 (4.822) [0.599]	-2.868 (0.524) [0.000]	-4.735 (4.126) [0.251]	-1.570 (4.906) [0.749]	-3.674 (3.951) [0.352]
董事会规模	0.002 (0.050) [0.967]	-0.005 (0.006) [0.395]	0.018 (0.046) [0.691]	-0.034 (0.042) [0.421]	-0.002 (0.042) [0.959]
地区医院数量	-0.011 (0.007) [0.120]	-0.010 (0.001) [0.000]	-0.012 (0.007) [0.083]	-0.009 (0.006) [0.159]	-0.009 (0.006) [0.106]
逆米尔斯比率	-0.651 (0.841) [0.439]	-0.664 (0.093) [0.000]	-0.924 (0.726) [0.204]	-0.533 (0.838) [0.524]	-0.816 (0.682) [0.232]
三年困难时期CEO的死亡风险		-0.002 (0.001) [0.004]	-0.025 (0.099) [0.801]	0.222 (0.148) [0.135]	0.152 (0.120) [0.206]
CEO死亡风险×CEO精英网络中心度			-0.151 (0.056) [0.007]		-0.175 (0.055) [0.001]
CEO死亡风险×CEO政治关联				-0.346 (0.184) [0.060]	-0.138 (0.068) [0.041]
常数项	-6.426 (2.095) [0.002]	-5.607 (0.374) [0.000]	-4.337 (2.148) [0.044]	-7.104 (2.082) [0.001]	-4.300 (2.088) [0.039]
Wald χ^2	11140.6 [0.000]	39751.6 [0.000]	15706.0 [0.000]	84575.8 [0.000]	19733.9 [0.000]
N	268	268	268	268	268

注：圆括号中为稳健标准误差；方括号中为 p 值。所有模型中都加入了年份和行业固定效应。

三年困难时期中 CEO 死亡风险与 CEO 精英网络中心度之间的交互作用与战略风险承担呈显著负相关（$\beta=-0.151$，$p=0.007$）。不具有精英网络中心度的 CEO，童年创伤暴露增加 1%，战略风险承担将减少约 2.47% [exp(-0.025)-1]。当 CEO 拥有一个单位的精英网络中心度，如果 CEO 的童年创伤暴露增加 1%，战略风险承担将减少约 13.32% [exp(-0.025-0.151+0.033)-1]。因此，假设 2b 得到了支持。

假设 3a 预测，政治关系缓和了 CEO 童年创伤暴露与战略风险承担之间的负相关递减关系。相反，假设 3b 预测，政治关系加强了 CEO 童年创伤暴露与战略风险承担之间的负向递减关系。模型 4 显示，三年困难时期 CEO 死亡风险与 CEO 政治关系和战略风险承担呈显著负相关（$\beta=-0.346$，$p=0.060$）。当 CEO 没有政治关系时，如果 CEO 的童年创伤暴露增加 1%，战略风险承担将增加约 24.86% [exp(0.222)-1]。当 CEO 有政治关系时，如果 CEO 的童年创伤暴露增加 1%，战略风险承担将减少约 9.43% [exp(0.222-0.346+0.025)-1]。因此，假设 3b 得到了支持。

总之，我们的研究支持了来自社交网络的社会压力影响 CEO 童年创伤与战略风险承担之间关系的观点。

6.4.1 替代性测量

（1）CEO 童年的不同年龄范围。我们还使用了三个年龄段来定义 CEO 的童年：9~16 岁、8~15 岁和 7~14 岁。表 6-3 的结果显示，三年困难时期 CEO 的死亡风险对其战略风险承担有负向影响（9~16 岁：$\beta=-0.205$，$p=0.094$；8~15 岁：$\beta=-0.044$，$p=0.001$；7~14 岁：$\beta=-0.162$，$p=0.069$）。三年困难时期 CEO 死亡风险与 CEO 精英网络中心度的交互作用与战略风险承担呈负相关（9~16 岁：$\beta=-0.096$，$p=0.011$；8~15 岁：$\beta=-0.099$，$p=0.048$；7~14 岁：$\beta=-0.184$，$p=0.001$）。三年困难时期

CEO死亡风险与CEO政治关系的交互作用与战略风险承担呈负相关（9~16岁：$\beta=-0.161$，$p=0.082$；8~15岁：$\beta=-0.138$，$p=0.096$；7~14岁：$\beta=-0.138$，$p=0.058$）。

表6-3 CEO童年的替代年龄范围

解释变量	9~16岁		8~15岁		7~14岁	
	模型1	模型2	模型3	模型4	模型5	模型6
CEO政治关联	0.223 (0.089) [0.012]	0.056 (0.059) [0.347]	0.026 (0.011) [0.024]	0.046 (0.067) [0.491]	0.215 (0.158) [0.174]	0.128 (0.055) [0.021]
CEO精英网络中心度	0.194 (0.068) [0.004]	-0.024 (0.082) [0.773]	0.047 (0.011) [0.000]	-0.022 (0.087) [0.804]	0.013 (0.010) [0.182]	0.050 (0.047) [0.280]
CEO任期	0.066 (0.039) [0.088]	0.048 (0.036) [0.183]	0.058 (0.005) [0.000]	0.049 (0.036) [0.176]	0.031 (0.035) [0.381]	-0.000 (0.033) [0.998]
CEO持股比例	-1.528 (0.653) [0.019]	-1.568 (0.689) [0.023]	-1.326 (0.107) [0.000]	-1.330 (0.789) [0.092]	-1.794 (0.816) [0.028]	-1.817 (0.727) [0.012]
CEO性别	1.214 (0.259) [0.000]	1.239 (0.303) [0.000]	0.668 (0.097) [0.000]	0.672 (0.285) [0.018]	0.568 (0.223) [0.011]	0.762 (0.281) [0.007]
CEO年龄	-0.054 (0.059) [0.357]	0.038 (0.039) [0.341]	0.058 (0.006) [0.000]	0.039 (0.038) [0.302]	0.050 (0.028) [0.070]	-0.001 (0.033) [0.973]
企业规模（对数）	0.732 (0.102) [0.000]	0.853 (0.082) [0.000]	0.816 (0.012) [0.000]	0.822 (0.079) [0.000]	0.777 (0.103) [0.000]	0.726 (0.096) [0.000]
企业绩效	-1.534 (2.142) [0.474]	-1.223 (2.087) [0.558]	-0.818 (0.329) [0.013]	-0.391 (1.815) [0.829]	0.888 (1.731) [0.608]	1.650 (1.545) [0.285]

续表

解释变量	9~16岁		8~15岁		7~14岁	
	模型1	模型2	模型3	模型4	模型5	模型6
分析师报告（对数）	0.004 (0.002) [0.111]	0.124 (0.103) [0.227]	0.129 (0.015) [0.000]	0.137 (0.094) [0.148]	0.002 (0.003) [0.509]	0.142 (0.088) [0.106]
前十大股东持股比例	0.017 (0.007) [0.012]	0.005 (0.008) [0.566]	0.011 (0.001) [0.000]	0.007 (0.008) [0.369]	0.020 (0.007) [0.003]	0.019 (0.008) [0.013]
机构持股比例	-1.410 (0.813) [0.083]	-2.993 (0.904) [0.001]	-1.978 (0.170) [0.000]	-2.410 (0.803) [0.003]	-1.433 (0.431) [0.001]	-1.926 (0.473) [0.000]
国有股比例	-0.155 (0.235) [0.510]	0.037 (0.211) [0.862]	0.014 (0.035) [0.695]	0.100 (0.208) [0.632]	0.075 (0.256) [0.768]	0.219 (0.253) [0.385]
创伤董事比例	-1.194 (1.260) [0.343]	1.673 (1.568) [0.286]	1.606 (0.223) [0.000]	1.614 (1.582) [0.308]	-0.784 (2.708) [0.772]	-0.597 (2.652) [0.822]
董事会规模	-0.000 (0.096) [1.000]	-0.078 (0.064) [0.217]	-0.071 (0.007) [0.000]	-0.062 (0.053) [0.238]	-0.069 (0.051) [0.179]	-0.062 (0.046) [0.182]
逆米尔斯比率	-0.526 (0.310) [0.090]	0.342 (0.172) [0.047]	0.314 (0.029) [0.000]	0.316 (0.186) [0.090]	-0.300 (0.395) [0.448]	-0.079 (0.362) [0.826]
三年困难时期中CEO的死亡风险	-0.205 (0.122) [0.094]	0.134 (0.135) [0.320]	-0.044 (0.014) [0.001]	0.138 (0.124) [0.268]	-0.162 (0.089) [0.069]	0.096 (0.120) [0.422]
CEO死亡风险×CEO精英网络中心度		-0.096 (0.038) [0.011]		-0.099 (0.050) [0.048]		-0.184 (0.053) [0.001]

续表

解释变量	9~16 岁		8~15 岁		7~14 岁	
	模型 1	模型 2	模型 3	模型 4	模型 5	模型 6
CEO 死亡风险×CEO 政治关联		-0.161 (0.093) [0.082]		-0.138 (0.083) [0.096]		-0.138 (0.073) [0.058]
常数项	-0.501 (3.756) [0.894]	-7.296 (2.457) [0.003]	-8.261 (0.482) [0.000]	-7.020 (2.511) [0.005]	-6.811 (2.371) [0.004]	-3.678 (2.548) [0.149]
Wald χ^2	24533.9 [0.000]	229484.9 [0.000]	29120.4 [0.000]	46616.4 [0.000]	24273.0 [0.000]	49525.0 [0.000]
N	124	124	171	171	210	210

注：圆括号中为稳健标准误差；方括号中为 p 值。所有模型中都加入了年份和行业固定效应。

(2) CEO 社会网络的替代测量。我们用加权程度中心度来衡量 CEO 的精英网络，这指的是 CEO 在过去三年里在连锁网络中拥有的联系数量。这一测量考虑了联系强度（Barrat et al., 2004）。我们用三个新变量来衡量 CEO 的政治关系：①CEO 的政治排名水平（0＝没有政治经验；1＝县级；2＝市级；3＝省级；4＝中央层面）；②CEO 是否担任过政治委员会委员，包括全国人民代表大会和中国人民政治协商会议；③用 CEO 在政治网络中的程度中心度来衡量政治网络中心度。我们在所有 CEO 中建立了一个政治网络，如果两位 CEO 都在同一个中国政府部门工作，那么他们就有政治关系。表 6-4 的结果显示，三年困难时期 CEO 的死亡风险对战略风险承担有负向影响（CEO 的政治排名：$\beta=-0.145$，$p=0.064$；CEO 作为政治委员会委员：$\beta=-0.142$，$p=0.060$；CEO 政治网络程度中心度：$\beta=-0.144$，$p=0.038$）。三年困难时期 CEO 死亡风险与 CEO 加权精英网络中心度的交互作用与战略风险承担呈负相关（CEO 政治排名：$\beta=-0.200$，$p=0.000$；CEO 作为政治委员会委员：$\beta=-0.208$，$p=0.000$；CEO 政治网络程度中心度：$\beta=-0.222$，$p=0.000$）。三年困难时期中 CEO 死亡风险与 CEO 政治关系的交互作用与战略风险承担呈负相关（CEO 政治排名：$\beta=-0.058$，$p=0.084$；CEO 作为政治委员会委员：$\beta=-0.365$，$p=0.051$；CEO 政治网络程度中心度：$\beta=-0.002$，$p=0.021$）。

表 6-4　CEO 政治关联的替代测量

解释变量	政治排名水平		政治委员会成员		政治网络中心度	
	模型 1	模型 2	模型 3	模型 4	模型 5	模型 6
CEO 政治关联	−0.001 (0.025) [0.961]	0.010 (0.025) [0.689]	−0.026 (0.156) [0.867]	−0.044 (0.160) [0.784]	−0.000 (0.001) [0.903]	0.000 (0.001) [0.812]
CEO 精英网络加权中心度	0.130 (0.080) [0.105]	0.051 (0.063) [0.417]	0.128 (0.081) [0.115]	0.015 (0.064) [0.813]	0.129 (0.080) [0.109]	0.039 (0.062) [0.529]
CEO 任期	−0.007 (0.025) [0.787]	−0.032 (0.028) [0.256]	−0.006 (0.025) [0.803]	−0.025 (0.027) [0.361]	−0.007 (0.026) [0.788]	−0.031 (0.028) [0.268]
CEO 持股比例	−1.818 (0.769) [0.018]	−1.714 (0.707) [0.015]	−1.817 (0.763) [0.017]	−1.611 (0.698) [0.021]	−1.826 (0.766) [0.017]	−1.866 (0.705) [0.008]
CEO 性别	0.117 (0.279) [0.676]	0.191 (0.326) [0.557]	0.104 (0.301) [0.730]	0.102 (0.339) [0.764]	0.110 (0.288) [0.702]	0.203 (0.324) [0.531]
CEO 年龄	0.069 (0.020) [0.001]	0.059 (0.021) [0.005]	0.070 (0.021) [0.001]	0.071 (0.022) [0.001]	0.070 (0.020) [0.001]	0.058 (0.021) [0.006]
企业规模（对数）	0.840 (0.062) [0.000]	0.817 (0.068) [0.000]	0.843 (0.062) [0.000]	0.845 (0.067) [0.000]	0.841 (0.061) [0.000]	0.790 (0.065) [0.000]
企业绩效	2.960 (1.946) [0.128]	2.748 (1.458) [0.059]	2.927 (1.980) [0.139]	2.609 (1.481) [0.078]	2.934 (1.984) [0.139]	2.567 (1.401) [0.067]

续表

解释变量	政治排名水平		政治委员会成员		政治网络中心度	
	模型1	模型2	模型3	模型4	模型5	模型6
分析师报告（对数）	0.002 (0.003) [0.382]	0.140 (0.084) [0.096]	0.002 (0.003) [0.391]	0.143 (0.088) [0.104]	0.002 (0.003) [0.399]	0.155 (0.089) [0.083]
前十大股东持股比例	0.018 (0.006) [0.001]	0.013 (0.007) [0.072]	0.018 (0.006) [0.002]	0.011 (0.007) [0.140]	0.018 (0.006) [0.001]	0.012 (0.007) [0.121]
机构持股比例	-2.269 (0.469) [0.000]	-2.277 (0.477) [0.000]	-2.252 (0.473) [0.000]	-2.057 (0.483) [0.000]	-2.246 (0.483) [0.000]	-2.512 (0.529) [0.000]
国有股比例	0.329 (0.203) [0.105]	0.392 (0.189) [0.038]	0.323 (0.199) [0.104]	0.350 (0.188) [0.064]	0.323 (0.200) [0.105]	0.397 (0.191) [0.037]
创伤董事比例	-1.080 (0.653) [0.098]	-0.743 (0.656) [0.257]	-1.091 (0.634) [0.085]	-0.675 (0.641) [0.293]	-1.090 (0.655) [0.096]	-0.710 (0.626) [0.257]
董事会规模	-4.505 (3.632) [0.215]	-3.472 (3.481) [0.319]	-4.578 (3.522) [0.194]	-3.479 (3.458) [0.314]	-4.555 (3.566) [0.201]	-3.414 (3.243) [0.293]
地区医院数量	-0.005 (0.051) [0.921]	-0.003 (0.040) [0.930]	-0.005 (0.051) [0.921]	-0.010 (0.038) [0.784]	-0.005 (0.051) [0.916]	0.003 (0.038) [0.943]
逆米尔斯比率	-0.012 (0.007) [0.107]	-0.006 (0.006) [0.320]	-0.012 (0.008) [0.114]	-0.006 (0.007) [0.387]	-0.012 (0.008) [0.112]	-0.004 (0.006) [0.521]
三年困难时期中CEO的死亡风险	-0.145 (0.078) [0.064]	0.182 (0.158) [0.249]	-0.142 (0.076) [0.060]	0.258 (0.153) [0.093]	-0.144 (0.070) [0.038]	0.246 (0.151) [0.102]

续表

解释变量	政治排名水平		政治委员会成员		政治网络中心度	
	模型1	模型2	模型3	模型4	模型5	模型6
CEO死亡风险×CEO精英网络中心度		−0.200 (0.054) [0.000]		−0.208 (0.055) [0.000]		−0.222 (0.051) [0.000]
CEO死亡风险×CEO政治关联		−0.058 (0.033) [0.084]		−0.365 (0.187) [0.051]		−0.002 (0.001) [0.021]
常数项	−6.022 (1.913) [0.002]	−6.040 (1.821) [0.001]	−6.053 (1.868) [0.001]	−6.840 (1.818) [0.000]	−6.008 (1.942) [0.002]	−5.824 (1.790) [0.001]
Wald χ^2	15888.7 [0.000]	10614.4 [0.000]	15355.9 [0.000]	115679.3 [0.000]	16089.3 [0.000]	10831.9 [0.000]
N	268	268	268	268	268	268

注：圆括号中为稳健标准误差；方括号中为 p 值。所有模型中都加入了年份和行业固定效应。

（3）战略风险承担的替代测量。我们使用了三种可供选择的风险支出测量方法。表6-5的结果表明，三年困难时期CEO的死亡风险对其战略风险承担有负向影响（研发支出：$\beta=-0.051$，$p=0.706$；资本支出：$\beta=-0.191$，$p=0.051$；研发支出与资本支出：$\beta=-0.135$，$p=0.059$）。三年困难时期CEO死亡风险与CEO精英网络中心度的交互作用与战略风险承担呈负相关（研发支出：$\beta=-0.035$，$p=0.068$；资本支出：$\beta=-0.034$；$p=0.002$；研发支出与资本支出：$\beta=-0.199$，$p=0.003$）。中国大饥荒中CEO死亡风险与CEO政治关系的交互作用与战略风险承担呈负相关（研发支出：$\beta=-0.142$，$p=0.050$；资本支出：$\beta=-0.011$；$p=0.089$；研发支出与资本支出：$\beta=-0.137$，$p=0.021$）。

（4）CEO童年创伤经历的替代测量方法。为了检验结果的稳健性，我们对三年困难时期CEO童年创伤经历采用了两种替代测量方法：1959—1961年死亡率的最大值和最小值。表6-6的结果表明，三年困难

表 6-5 战略风险承担的替代测量

解释变量	研发支出 模型 1	研发支出 模型 2	资本支出 模型 3	资本支出 模型 4	研发支出和资本支出 模型 5	研发支出和资本支出 模型 6
CEO 政治关联	-0.013 (0.074) [0.860]	-0.044 (0.078) [0.571]	0.000 (0.037) [0.989]	0.176 (0.103) [0.087]	0.003 (0.090) [0.974]	0.043 (0.055) [0.435]
CEO 精英网络中心度	0.071 (0.067) [0.286]	0.418 (0.172) [0.015]	0.122 (0.092) [0.185]	0.582 (0.168) [0.001]	0.089 (0.064) [0.160]	0.028 (0.039) [0.471]
CEO 任期	0.080 (0.031) [0.011]	0.086 (0.030) [0.004]	-0.039 (0.035) [0.265]	-0.060 (0.038) [0.117]	-0.001 (0.027) [0.974]	-0.013 (0.028) [0.626]
CEO 持股比例	-2.978 (1.218) [0.014]	-2.814 (1.217) [0.021]	-1.342 (0.776) [0.084]	-1.131 (0.701) [0.107]	-1.386 (1.128) [0.219]	-1.625 (1.060) [0.125]
CEO 性别	0.336 (0.231) [0.146]	0.438 (0.234) [0.060]	-0.027 (0.383) [0.943]	0.108 (0.422) [0.798]	0.159 (0.262) [0.544]	0.285 (0.258) [0.269]
CEO 年龄	0.082 (0.032) [0.009]	0.074 (0.029) [0.012]	0.085 (0.030) [0.004]	0.071 (0.031) [0.021]	0.090 (0.020) [0.000]	0.051 (0.022) [0.020]
企业规模（对数）	0.826 (0.115) [0.000]	0.907 (0.110) [0.000]	0.832 (0.082) [0.000]	0.811 (0.082) [0.000]	0.879 (0.079) [0.000]	0.820 (0.073) [0.000]
企业绩效	2.708 (2.063) [0.189]	2.288 (1.869) [0.221]	3.647 (1.541) [0.018]	2.689 (1.637) [0.100]	3.527 (1.912) [0.065]	2.561 (1.438) [0.075]
分析师报告（对数）	0.071 (0.119) [0.550]	0.090 (0.120) [0.454]	0.132 (0.108) [0.221]	0.154 (0.096) [0.106]	0.002 (0.003) [0.486]	0.122 (0.092) [0.186]

续表

解释变量	研发支出		资本支出		研发支出和资本支出	
	模型1	模型2	模型3	模型4	模型5	模型6
前十大股东持股比例	0.024 (0.006) [0.000]	0.016 (0.006) [0.007]	0.019 (0.008) [0.016]	0.013 (0.009) [0.150]	0.018 (0.006) [0.001]	0.016 (0.007) [0.012]
机构持股比例	−2.232 (0.906) [0.014]	−2.540 (0.888) [0.004]	−2.118 (0.624) [0.001]	−2.171 (0.667) [0.001]	−1.887 (0.502) [0.000]	−2.313 (0.483) [0.000]
国有股比例	0.432 (0.228) [0.058]	1.001 (0.366) [0.006]	0.277 (0.260) [0.287]	0.307 (0.248) [0.215]	−0.541 (0.580) [0.351]	0.291 (0.203) [0.152]
创伤董事比例	−2.032 (1.205) [0.092]	−1.867 (1.236) [0.131]	0.023 (0.757) [0.976]	0.115 (0.764) [0.881]	−0.213 (1.024) [0.835]	−0.446 (0.767) [0.561]
董事会规模	−8.207 (6.756) [0.224]	−6.898 (6.998) [0.324]	0.626 (3.859) [0.871]	0.703 (3.837) [0.855]	−0.367 (5.895) [0.950]	−1.672 (4.312) [0.698]
董事持股比例	−0.139 (0.053) [0.008]	−0.116 (0.054) [0.030]	0.027 (0.057) [0.640]	0.031 (0.050) [0.538]	0.017 (0.052) [0.743]	−0.010 (0.044) [0.818]
地区医院数量	0.006 (0.014) [0.682]	−0.006 (0.014) [0.665]	0.013 (0.015) [0.419]	0.002 (0.013) [0.890]	−0.125 (0.677) [0.854]	0.149 (0.704) [0.833]
逆米尔斯比率	−0.001 (0.008) [0.947]	0.001 (0.008) [0.881]	−0.015 (0.008) [0.066]	−0.009 (0.008) [0.261]	−0.009 (0.007) [0.187]	−0.009 (0.006) [0.109]
三年困难时期中CEO的死亡风险	−0.051 (0.136) [0.706]	0.175 (0.136) [0.200]	−0.191 (0.097) [0.051]	0.029 (0.030) [0.328]	−0.135 (0.072) [0.059]	0.107 (0.112) [0.342]

续表

解释变量	研发支出 模型 1	研发支出 模型 2	资本支出 模型 3	资本支出 模型 4	研发支出和资本支出 模型 5	研发支出和资本支出 模型 6
CEO 死亡风险× CEO 精英网络中心度		−0.035 (0.019) [0.068]		−0.034 (0.011) [0.002]		−0.199 (0.068) [0.003]
CEO 死亡风险× CEO 政治关联		−0.142 (0.073) [0.050]		−0.011 (0.006) [0.089]		−0.137 (0.060) [0.021]
常数项	9.734 (3.031) [0.001]	−4.240 (3.061) [0.166]	5.966 (2.798) [0.033]	6.677 (2.783) [0.016]	6.407 (2.227) [0.004]	9.719 (2.185) [0.000]
Wald χ^2	20263.4 [0.000]	39278.9 [0.000]	13620.75 [0.000]	9540.51 [0.000]	70742.6 [0.000]	176528.3 [0.000]
N	268	268	268	268	268	268

注：圆括号中为稳健标准误差；方括号中为 p 值。所有模型中都加入了年份和行业固定效应。

表 6-6　CEO 童年创伤经历的替代测量

解释变量	最大值 模型 1	最大值 模型 2	最小值 模型 3	最小值 模型 4
CEO 政治关联	−0.007 (0.090) [0.939]	0.012 (0.073) [0.870]	−0.050 (0.087) [0.564]	−0.008 (0.062) [0.898]
CEO 精英网络中心度	0.093 (0.061) [0.128]	0.051 (0.046) [0.266]	0.107 (0.062) [0.085]	0.062 (0.052) [0.230]
CEO 任期	−0.004 (0.027) [0.871]	−0.012 (0.026) [0.649]	−0.009 (0.025) [0.716]	−0.004 (0.023) [0.862]
CEO 持股比例	−1.824 (0.962) [0.058]	−1.894 (0.852) [0.026]	−1.767 (0.911) [0.052]	−1.981 (0.795) [0.013]

续表

解释变量	最大值		最小值	
	模型1	模型2	模型3	模型4
CEO性别	0.151 (0.250) [0.547]	0.255 (0.235) [0.279]	0.160 (0.247) [0.517]	0.376 (0.326) [0.249]
CEO年龄	0.086 (0.020) [0.000]	0.057 (0.022) [0.010]	0.097 (0.024) [0.000]	0.078 (0.020) [0.000]
企业规模（对数）	0.896 (0.078) [0.000]	0.889 (0.072) [0.000]	0.908 (0.078) [0.000]	0.913 (0.069) [0.000]
企业绩效	3.613 (1.909) [0.058]	3.077 (1.288) [0.017]	2.913 (1.766) [0.099]	2.827 (0.912) [0.002]
分析师报告（对数）	0.002 (0.003) [0.498]	0.100 (0.085) [0.240]	0.002 (0.003) [0.520]	0.094 (0.084) [0.264]
前十大股东持股比例	0.017 (0.005) [0.002]	0.016 (0.006) [0.005]	0.013 (0.005) [0.008]	0.011 (0.005) [0.024]
机构持股比例	−1.803 (0.487) [0.000]	−2.186 (0.491) [0.000]	−1.186 (0.466) [0.011]	−1.455 (0.433) [0.001]
国有股比例	−0.619 (0.487) [0.203]	−0.249 (0.352) [0.479]	−0.510 (0.446) [0.253]	−0.303 (0.320) [0.344]
创伤董事比例	−0.581 (1.048) [0.579]	−0.653 (0.893) [0.464]	−0.579 (1.030) [0.574]	−0.605 (0.848) [0.475]

续表

解释变量	最大值 模型1	最大值 模型2	最小值 模型3	最小值 模型4
董事会规模	-2.406 (6.068) [0.692]	-2.974 (5.044) [0.555]	-2.616 (6.044) [0.665]	-3.089 (4.971) [0.534]
地区医院数量	0.018 (0.050) [0.722]	0.009 (0.043) [0.827]	-0.001 (0.044) [0.980]	-0.013 (0.035) [0.723]
逆米尔斯比率	-0.009 (0.007) [0.200]	-0.008 (0.006) [0.207]	-0.009 (0.008) [0.263]	-0.005 (0.006) [0.359]
三年困难时期中CEO的死亡风险	-0.125 (0.071) [0.079]	0.088 (0.102) [0.385]	0.135 (0.120) [0.260]	0.342 (0.092) [0.000]
CEO死亡风险×CEO精英网络中心度		-0.193 (0.066) [0.004]		-0.159 (0.071) [0.024]
CEO死亡风险×CEO政治关联		-0.124 (0.056) [0.026]		-0.185 (0.075) [0.014]
常数项	-8.681 (2.234) [0.000]	-6.795 (2.222) [0.002]	-9.054 (2.358) [0.000]	-8.162 (2.058) [0.000]
Wald χ^2	116171.3 [0.000]	193000.1 [0.000]	116745.7 [0.000]	18248.0 [0.000]
N	268	268	268	268

注：圆括号中为稳健标准误差；方括号中为 p 值。所有模型中都加入了年份和行业固定效应。

时期 CEO 的死亡风险对其战略风险承担有负向影响（CEO 死亡风险最大值：$\beta = -0.125$，$p = 0.079$；CEO 死亡风险最小值：$\beta = 0.135$，$p = 0.260$）。三年困难时期 CEO 死亡风险与 CEO 精英网络中心度的交互作用与战略风险承担呈负相关（CEO 死亡风险最大值：$\beta = -0.193$，$p = 0.004$；CEO 死亡风险最小值：$\beta = -0.159$，$p = 0.024$）。三年困难时期 CEO 死亡风险与 CEO 政治关系的交互作用与 CEO 战略风险承担负相关（CEO 死亡风险最大值：$\beta = -0.124$，$p = 0.026$；CEO 死亡风险最小值：$\beta = -0.185$，$p = 0.014$）。

6.4.2 替代实证工具

我们对面板数据使用了其他实证工具。

（1）粗化精确匹配（CEM）。由于我们的样本中有童年创伤的 CEO 的发生率相对较低，可能存在样本不平衡的问题（Yiu et al., 2018）。为了解决这一问题，我们采用了粗化精确匹配（CEM）（Liu et al., 2018）。CEM 可以通过粗化控制变量来创建同质子样本，从而减少试验和对照观察之间的协变量不平衡（在我们的案例中是有童年创伤的 CEO 和没有童年创伤的 CEO），其中它们部分解决了内生性问题（Corritore et al., 2020）。最近的研究还表明，相对于倾向得分匹配（PSM），CEM 可能产生更平衡的匹配样本（Iacus et al., 2011, 2012）。

我们创建了两个匹配的样本：①童年时期经历过三年困难时期的 CEO 与没有经历过的 CEO 进行匹配，②经历过三年困难时期的 CEO 与没有经历过的 CEO 进行匹配。第二个匹配的样本包括两组 CEO，他们的生日是否早于 1961 年（或者是否经历过三年困难时期），而第一个匹配的样本包括两组 CEO，他们的童年是否经历过三年困难时期。我们使用了几个关键变量作为匹配标准：CEO 性别、CEO 任期、公司年龄、公司规模、公司绩效等（Yiu et al., 2018）。表 6-7 中的结果显示，在童年时期经历过三年困难时期的 CEO 的战略风险承担水平低于没有经历过的 CEO（$\beta = -1.313$，$p = 0.139$）。童年经历过三年困难时期的 CEO 与精英网络中心度的交互作用与战略风险承担呈负相关（$\beta = -0.418$，$p = 0.000$）。童年经历过三年困难时期的 CEO 与政治关系之间的交互效应与战略风险承担无显著关系（$\beta=0.058$，$p=0.456$）。

表 6-7　CEMs 结果

解释变量	CEO 有或无童年创伤		CEO 出生在 1961 年之前或之后	
	模型 1	模型 2	模型 3	模型 4
CEO 政治关联	0.052 (0.056) [0.354]	-0.023 (0.064) [0.720]	0.019 (0.066) [0.769]	-0.014 (0.050) [0.784]
CEO 精英网络中心度	0.246 (0.053) [0.000]	0.312 (0.069) [0.000]	0.209 (0.075) [0.005]	0.324 (0.057) [0.000]
CEO 任期	-0.015 (0.023) [0.504]	-0.018 (0.022) [0.411]	-0.003 (0.019) [0.885]	-0.019 (0.019) [0.322]
CEO 持股比例	-0.673 (0.465) [0.147]	-0.799 (0.402) [0.047]	-0.432 (0.348) [0.215]	-0.434 (0.315) [0.169]
CEO 性别	-0.520 (0.597) [0.383]	-0.433 (0.587) [0.461]	-0.206 (0.393) [0.600]	-0.266 (0.389) [0.494]
CEO 年龄	0.025 (0.012) [0.035]	0.019 (0.012) [0.119]	0.033 (0.011) [0.003]	0.033 (0.011) [0.002]
企业规模（对数）	0.769 (0.081) [0.000]	0.729 (0.076) [0.000]	0.825 (0.065) [0.000]	0.810 (0.058) [0.000]
企业绩效	0.032 (1.388) [0.982]	-0.388 (1.221) [0.750]	-0.272 (1.103) [0.805]	-0.504 (0.924) [0.585]

续表

解释变量	CEO 有或无童年创伤		CEO 出生在 1961 年之前或之后	
	模型 1	模型 2	模型 3	模型 4
分析师报告（对数）	0.405	0.392	0.357	0.347
	(0.082)	(0.085)	(0.073)	(0.070)
	[0.000]	[0.000]	[0.000]	[0.000]
前十大股东持股比例	0.008	0.009	0.009	0.007
	(0.005)	(0.005)	(0.005)	(0.004)
	[0.100]	[0.063]	[0.044]	[0.060]
机构持股比例	-0.931	-0.832	-0.841	-0.746
	(0.467)	(0.445)	(0.589)	(0.467)
	[0.046]	[0.061]	[0.153]	[0.110]
国有股比例	0.138	0.153	0.162	0.190
	(0.136)	(0.115)	(0.130)	(0.114)
	[0.312]	[0.183]	[0.213]	[0.094]
选择 CEO 的逆米尔斯比率	0.364	0.436	-0.233	-0.149
	(0.395)	(0.404)	(0.099)	(0.074)
	[0.356]	[0.281]	[0.018]	[0.045]
创伤董事比例	3.023	2.957	0.558	0.305
	(1.542)	(1.521)	(0.754)	(0.678)
	[0.050]	[0.052]	[0.459]	[0.652]
董事会规模	0.015	0.033	0.051	0.066
	(0.035)	(0.034)	(0.037)	(0.036)
	[0.664]	[0.327]	[0.175]	[0.069]
地区医院数量	-0.007	-0.006	-0.004	-0.004
	(0.004)	(0.004)	(0.004)	(0.004)
	[0.117]	[0.162]	[0.286]	[0.286]
CEO 有童年创伤	-1.313	-1.168		
	(0.888)	(0.901)		
	[0.139]	[0.195]		

续表

解释变量	CEO 有或无童年创伤		CEO 出生在 1961 年之前或之后	
	模型 1	模型 2	模型 3	模型 4
CEO 有童年创伤×CEO 精英网络中心度		−0.418 (0.096) [0.000]		
CEO 有童年创伤×CEO 政治关联		0.058 (0.079) [0.465]		
CEO 出生在 1961 年之前			−0.263 (0.198) [0.183]	−0.189 (0.184) [0.306]
CEO 出生在 1961 年之前×CEO 精英网络中心度				−0.426 (0.086) [0.000]
CEO 出生在 1961 年之前×CEO 政治关联				0.074 (0.110) [0.500]
常数项	−5.658 (0.939) [0.000]	−4.585 (1.059) [0.000]	−7.137 (0.806) [0.000]	−6.789 (0.763) [0.000]
Wald $\chi 2$	6921.16 [0.000]	1232.63 [0.000]	6074.91 [0.000]	5253.5 [0.000]
N	1,068	1,068	1,665	1,665

注：圆括号中为稳健标准误差；方括号中为 p 值。所有模型中都加入了年份和行业固定效应。

相比之下，表 6-7 中的模型 3 和模型 4 显示，经历过三年困难时期的 CEO 的战略风险承担水平较低，但并不显著（$\beta=-0.263$，$p=0.183$）。经历过"大饥荒"的 CEO 与精英网络中心度的交互作用与战略风险承担呈负相关（$\beta=-0.426$，$p=0.000$）。经历过三年困难时期的 CEO 与 CEO 政治关联之间的交互效应与战略风险承担无显著相关性（$\beta=0.074$，$p=0.500$）。

对比两个匹配的样品和检测结果，我们没有发现有显著差异的结果。一个可能的原因是，一个虚拟变量（有或没有这样的经历）可能无法完全捕捉 CEO 童年创伤暴露的本质。我们发现来自精英网络中心度的社会压力效应得到了强有力的支持。

（2）三向固定随机效应。根据之前的研究，我们采用了一个三向固定随机效应模型，包括公司、CEO 和年份（Andrews et al., 2006）。从表 6-8 的结果可以看出，三年困难时期 CEO 的死亡风险对战略风险承担有负向的显著性影响（$\beta=-0.319$, $p=0.004$）。三年困难时期 CEO 死亡风险与 CEO 精英网络中心度的交互作用与战略风险承担呈负相关（$\beta=-0.316$, $p=0.000$）。三年困难时期中 CEO 死亡风险与 CEO 政治关联的交互作用与战略风险承担呈负相关（$\beta=-0.026$, $p=0.573$）。而在模型 4 中，三年困难时期中 CEO 死亡风险与 CEO 政治关系之间的交互作用与战略风险承担呈负相关（$\beta=-0.078$, $p=0.027$）。

表 6-8　三项交互固定随机效应结果

解释变量	模型 1	模型 2	模型 3	模型 4
CEO 政治关联	0.005 (0.032) [0.867]	0.003 (0.032) [0.915]	0.006 (0.035) [0.854]	0.016 (0.034) [0.645]
CEO 精英网络中心度	0.204 (0.090) [0.024]	0.035 (0.080) [0.657]	0.192 (0.094) [0.041]	0.004 (0.077) [0.960]
CEO 任期	0.048 (0.034) [0.156]	0.068 (0.035) [0.052]	0.052 (0.037) [0.163]	0.054 (0.037) [0.144]
CEO 持股比例	-2.582 (0.971) [0.008]	-2.713 (0.939) [0.004]	-2.588 (1.005) [0.010]	-2.765 (0.941) [0.003]

续表

解释变量	模型 1	模型 2	模型 3	模型 4
CEO 性别	−0.148 (0.345) [0.669]	0.154 (0.324) [0.634]	−0.194 (0.360) [0.589]	0.277 (0.348) [0.426]
CEO 年龄	0.040 (0.025) [0.102]	−0.006 (0.024) [0.790]	0.038 (0.025) [0.128]	−0.011 (0.023) [0.642]
企业规模（对数）	0.724 (0.110) [0.000]	0.661 (0.115) [0.000]	0.723 (0.111) [0.000]	0.651 (0.118) [0.000]
企业绩效	1.669 (1.925) [0.386]	2.221 (1.839) [0.227]	1.319 (2.003) [0.510]	2.274 (1.871) [0.224]
分析师报告（对数）	0.002 (0.002) [0.488]	0.002 (0.002) [0.395]	0.001 (0.003) [0.628]	0.002 (0.002) [0.476]
前十大股东持股比例	0.028 (0.005) [0.000]	0.034 (0.005) [0.000]	0.026 (0.008) [0.001]	0.028 (0.006) [0.000]
机构持股比例	−1.351 (0.644) [0.036]	−0.942 (0.627) [0.133]	−1.175 (0.682) [0.085]	−0.785 (0.680) [0.248]
国有股比例	−0.272 (0.403) [0.499]	0.173 (0.406) [0.670]	−0.142 (0.390) [0.715]	0.367 (0.453) [0.418]
逆米尔斯比率	−1.891 (0.893) [0.034]	−1.804 (0.953) [0.059]	−1.888 (0.953) [0.047]	−1.608 (0.995) [0.106]
创伤董事比例	−8.794 (4.813) [0.068]	−9.971 (5.185) [0.054]	−8.698 (5.158) [0.092]	−8.552 (5.517) [0.121]

续表

解释变量	模型1	模型2	模型3	模型4
董事会规模	-0.039 (0.059) [0.507]	0.004 (0.053) [0.945]	-0.057 (0.054) [0.297]	-0.035 (0.048) [0.463]
地区医院数量	-0.014 (0.008) [0.109]	-0.012 (0.008) [0.101]	-0.012 (0.008) [0.133]	-0.010 (0.007) [0.130]
三年困难时期CEO的死亡风险	-0.319 (0.110) [0.004]	-0.308 (0.101) [0.002]	-0.130 (0.242) [0.590]	0.010 (0.200) [0.962]
CEO死亡风险×CEO精英网络中心度		-0.316 (0.053) [0.000]		-0.376 (0.050) [0.000]
CEO死亡风险×CEO政治关联			-0.026 (0.047) [0.573]	-0.078 (0.035) [0.027]
常数项	-0.777 (2.846) [0.785]	1.568 (2.737) [0.567]	-0.190 (2.938) [0.948]	2.003 (2.798) [0.474]
N	268	268	268	268

注：圆括号中为稳健标准误差；方括号中为 p 值。所有模型中都加入了年份和行业固定效应。

6.4.3 单个行业的子样本

为了测试我们的结果是否依赖于行业类型，我们选择了制造业进行检验。从表6-9的结果可以看出，三年困难时期CEO的死亡风险对其战略风险承担有负向的显著影响（$\beta=-0.176$，$p=0.091$）。三年困难时期CEO死亡风险与CEO精英网络中心度的交互作用与战略风险承担呈负相关（$\beta=-0.128$，$p=0.043$）。三年困难时期中CEO死亡风险与CEO政治关联的交互作用与战略风险承担呈负相关关系（$\beta=-0.130$，$p=0.043$）。

表 6-9　单一行业检验

解释变量	模型 1	模型 2	模型 3	模型 4
CEO 政治关联	−0.007 (0.073) [0.926]	−0.001 (0.063) [0.990]	−0.013 (0.073) [0.854]	0.008 (0.062) [0.893]
CEO 精英网络中心度	0.153 (0.065) [0.018]	0.108 (0.059) [0.066]	0.168 (0.068) [0.014]	0.117 (0.064) [0.068]
CEO 任期	0.046 (0.037) [0.209]	0.037 (0.032) [0.248]	0.028 (0.039) [0.472]	0.027 (0.035) [0.451]
CEO 持股比例	−2.271 (1.050) [0.031]	−2.450 (1.020) [0.016]	−2.347 (1.049) [0.025]	−2.549 (0.961) [0.008]
CEO 性别	0.074 (0.253) [0.769]	0.212 (0.285) [0.457]	0.033 (0.242) [0.890]	0.213 (0.269) [0.429]
CEO 年龄	0.063 (0.018) [0.000]	0.034 (0.024) [0.147]	0.059 (0.019) [0.002]	0.030 (0.023) [0.184]
企业规模（对数）	0.679 (0.132) [0.000]	0.689 (0.127) [0.000]	0.639 (0.117) [0.000]	0.667 (0.128) [0.000]
企业绩效	5.532 (2.287) [0.016]	5.549 (1.466) [0.000]	4.443 (1.481) [0.003]	4.559 (1.530) [0.003]
分析师报告（对数）	0.002 (0.004) [0.643]	0.073 (0.105) [0.484]	0.117 (0.110) [0.288]	0.094 (0.109) [0.389]
前十大股东持股比例	0.015 (0.006) [0.015]	0.016 (0.007) [0.026]	0.010 (0.008) [0.186]	0.013 (0.008) [0.108]

续表

解释变量	模型1	模型2	模型3	模型4
机构持股比例	-1.861 (0.412) [0.000]	-2.061 (0.451) [0.000]	-1.686 (0.392) [0.000]	-1.998 (0.415) [0.000]
国有股比例	0.228 (0.230) [0.321]	0.245 (0.234) [0.295]	0.273 (0.233) [0.242]	0.259 (0.232) [0.265]
逆米尔斯比率	-1.412 (1.072) [0.188]	-1.526 (0.934) [0.102]	-1.384 (1.051) [0.188]	-1.500 (0.897) [0.094]
创伤董事比例	-7.121 (5.926) [0.230]	-8.793 (5.226) [0.092]	-6.685 (5.690) [0.240]	-8.300 (5.055) [0.101]
董事会规模	0.001 (0.057) [0.989]	0.007 (0.055) [0.903]	-0.022 (0.053) [0.677]	-0.015 (0.049) [0.768]
地区医院数量	-0.003 (0.008) [0.684]	-0.003 (0.008) [0.697]	-0.002 (0.008) [0.811]	-0.002 (0.007) [0.790]
三年困难时期CEO的死亡风险	-0.176 (0.104) [0.091]	-0.081 (0.113) [0.472]	0.048 (0.119) [0.688]	0.088 (0.124) [0.478]
CEO死亡风险×CEO精英网络中心度		-0.128 (0.063) [0.043]		-0.148 (0.064) [0.021]
CEO死亡风险×CEO政治关联			-0.130 (0.064) [0.043]	-0.122 (0.074) [0.099]
常数项	-3.833 (2.815) [0.173]	-2.092 (2.940) [0.477]	-3.024 (2.876) [0.293]	-1.371 (2.858) [0.631]

续表

解释变量	模型 1	模型 2	模型 3	模型 4
Wald χ^2	996.23	1717.55	1485.28	1629.07
	[0.000]	[0.000]	[0.000]	[0.000]
N	223	223	223	223

注：圆括号中为稳健标准误差；方括号中为 p 值。所有模型中都加入了年份固定效应。

6.4.4 CEO 样本选择

风险倾向较高的高管更有可能被任命为 CEO。我们采用了两阶段的 Heckman 选择，第一阶段的结果是高管团队成员是否被任命为 CEO。然后，我们创建了一个逆米尔斯比率，并将其添加到第二阶段模型中。从表 6-10 的结果可以看出，三年困难时期 CEO 的死亡风险对其战略风险承担有负向的显著性影响（$\beta=-0.138$，$p=0.069$）。中国饥荒时期 CEO 死亡风险与 CEO 精英网络中心度的交互作用与战略风险承担呈负相关（$\beta=-0.152$，$p=0.007$）。三年困难时期中 CEO 死亡风险与 CEO 政治关系的交互作用与战略风险承担呈负相关（$\beta=-0.127$，$p=0.022$）。

表 6-10 CEO 选择检验

解释变量	模型 1	模型 2	模型 3	模型 4
CEO 政治关联	0.015	0.023	0.019	0.044
	(0.062)	(0.055)	(0.057)	(0.048)
	[0.807]	[0.669]	[0.733]	[0.359]
CEO 精英网络中心度	0.056	0.033	0.065	0.032
	(0.061)	(0.042)	(0.060)	(0.038)
	[0.356]	[0.430]	[0.277]	[0.396]
CEO 任期	-0.003	-0.010	-0.018	-0.017
	(0.029)	(0.026)	(0.029)	(0.027)
	[0.923]	[0.713]	[0.531]	[0.512]

续表

解释变量	模型1	模型2	模型3	模型4
CEO持股比例	-1.497 (0.808) [0.064]	-1.721 (0.727) [0.018]	-1.396 (0.806) [0.083]	-1.725 (0.717) [0.016]
CEO性别	0.158 (0.282) [0.574]	0.265 (0.304) [0.383]	0.120 (0.257) [0.641]	0.310 (0.275) [0.259]
CEO年龄	0.070 (0.020) [0.000]	0.035 (0.023) [0.137]	0.069 (0.020) [0.000]	0.033 (0.023) [0.145]
企业规模（对数）	0.817 (0.071) [0.000]	0.798 (0.074) [0.000]	0.800 (0.077) [0.000]	0.804 (0.073) [0.000]
企业绩效	2.814 (2.027) [0.165]	3.281 (1.254) [0.009]	1.989 (1.254) [0.113]	2.314 (1.255) [0.065]
分析师报告（对数）	0.003 (0.003) [0.336]	0.125 (0.087) [0.151]	0.153 (0.097) [0.116]	0.122 (0.086) [0.157]
前十大股东持股比例	0.017 (0.006) [0.003]	0.018 (0.006) [0.006]	0.012 (0.007) [0.066]	0.015 (0.007) [0.031]
机构持股比例	-2.015 (0.452) [0.000]	-2.284 (0.475) [0.000]	-1.877 (0.449) [0.000]	-2.301 (0.452) [0.000]
国有股比例	0.349 (0.202) [0.084]	0.370 (0.204) [0.070]	0.397 (0.197) [0.043]	0.388 (0.198) [0.051]
选择有童年创伤的CEO的逆米尔斯比率	-0.728 (0.859) [0.397]	-0.923 (0.723) [0.202]	-0.564 (0.825) [0.494]	-0.814 (0.678) [0.230]

续表

解释变量	模型 1	模型 2	模型 3	模型 4
选择高管团队成员为 CEO 的逆米尔斯比率	0.012 (0.068) [0.860]	-0.021 (0.056) [0.715]	0.022 (0.063) [0.726]	-0.017 (0.052) [0.739]
创伤董事比例	-2.580 (4.972) [0.604]	-4.742 (4.111) [0.249]	-1.328 (4.748) [0.780]	-3.676 (3.938) [0.351]
董事会规模	0.003 (0.051) [0.957]	0.018 (0.046) [0.691]	-0.016 (0.047) [0.735]	-0.002 (0.042) [0.959]
地区医院数量	-0.012 (0.007) [0.084]	-0.011 (0.007) [0.094]	-0.010 (0.006) [0.116]	-0.009 (0.006) [0.124]
三年困难时期 CEO 的死亡风险	-0.138 (0.076) [0.069]	-0.025 (0.099) [0.801]	0.094 (0.119) [0.428]	0.152 (0.120) [0.206]
CEO 死亡风险 × CEO 精英网络中心度		-0.152 (0.056) [0.007]		-0.176 (0.055) [0.001]
CEO 死亡风险 × CEO 政治关联			-0.127 (0.055) [0.022]	-0.138 (0.067) [0.041]
常数项	-6.742 (2.152) [0.002]	-4.383 (2.134) [0.040]	-6.808 (2.093) [0.001]	-4.339 (2.082) [0.037]
Wald χ^2	26784.1 [0.000]	39200.1 [0.000]	20907.9 [0.000]	23387.8 [0.000]
N	268	268	268	268

注：圆括号中为稳健标准误差；方括号中为 p 值。所有模型中都加入了年份和行业固定效应。

总之，我们的发现在上述所有检验中都是相对稳健的。

6.5 结论与启示

6.5.1 理论意义

我们的研究有四个主要贡献。

第一，通过关注 CEO 童年创伤，我们为推进 CEO 经验研究的高阶相关文献做出了贡献。具体而言，这一范式内的研究主要调查了与工作相关的经验如何塑造 CEO 的战略选择（Crossland et al., 2014），但对早期生活经历对 CEO 的影响知之甚少，因为早期生活经历可以说对个人行为有持久的影响（Campbell et al., 2019; Kish-Gephart and Campbell, 2015）。在考虑早期生活经历如何影响高管的决策时（Crossland et al., 2014），我们的研究暗示了传统工作经验之外的经验的重要性。根据儿童创伤理论，我们发现在 CEO 童年时期受到创伤暴露影响的冒险倾向可能会持续到他们成为高级管理人员的时期。我们发现，CEO 童年创伤暴露会呈指数级降低 CEO 的战略风险承担。我们的研究结果表明，未来的研究可以进一步研究 CEO 与工作无关的早期生活经历与公司各种决策（如企业社会责任、创新和国际业务）之间的关系。

第二，我们的研究整合了组织理论，拓展了这些理论或视角的理论边界，为儿童创伤理论做出了贡献。虽然之前的研究已经记录了童年创伤对某些个人行为的有害影响（Alisic, 2011; Ehlers et al., 2003; Münzer et al., 2017），我们扩展了儿童创伤理论以说明 CEO 创伤在公司层面的意义以及创伤后应激对 CEO 风险承担的影响。我们的研究结果表明，CEO 的童年创伤会影响 CEO 的战略决策。我们的研究结果还表明，当员工受到童年创伤的影响时，会产生不良后果。事实上，我们发现，如果 CEO 受到了心理创伤，就意味着相关公司会采取战略风险较小的行为。因此，我们将儿童创伤理论扩展到管理研究中。

第三，我们的发现对关注 CEO 早期生活创伤经历对金融风险态度影响的文献做出了贡献（Bernile et al., 2017; Callen et al., 2014; Graham and Narasimhan, 2004; Malmendier and Nagel, 2011）。Bernile 等（2017）发现，早期自然灾害经历的强度可以塑造 CEO 对经济风险的态度。我们发现，在我国，精英网络和政治关联是 CEO 早期生活创伤直接影响的基本边界，这扩展了金融领域的发现。此外，威胁—刚性视角表明，压力和焦虑的感觉可能来自导致"更大的认知收缩、反应刚性和原始形式的反应"的危机情况（Staw et al., 1981; Withey, 1962）。我们的研究补充了现有文献，认为社会网络是威胁刚性的潜在理论条件。

第四，从社会网络的角度来看，我们的研究为理解社会网络功能提供了新的思路（Bao et al., 2019; Opper et al., 2017; Tian et al., 2021）。尽管社会网络很重要，可能会改善创伤后应激效应的恢复（Münzer et al., 2017），但关于社会网络如何影响工作场所创伤体验与个人行为之间的关系，我们仍有很多需要了解的地方。我们证明，对于创伤型 CEO，精英网络中心度和政治关联产生的是社会压力，而不是社会支持，从而加强了 CEO 在战略决策时创伤后应激的作用。因此，我们的发现通过检验 CEO 早期生活经历和战略决策方面的竞争论点，丰富了社会网络理论，为未来的社会网络研究提供了具体的基础。

6.5.2 局限性和未来研究方向

我们的研究有一些局限性，具体以下几点。

第一，我们的研究是在三年困难时期的背景下进行的，这可能会限制其普适性。三年困难时期是 20 世纪世界范围内最严重的自然灾害之一，导致大量人员死亡（Lin and Yang, 2000）。我们的研究表明，三年困难时期等创伤性事件会影响高管们未来的决策。这一发现表明，极端灾难死亡经历对个体的心理状态和行为产生了显著而持久的影响。这一发现具有一定的管理意义。未来的研究可以探索COVID-19大流行对企业高管心理和行为结果的影响，以及如何减轻或加强这种影响。

第二，鉴于我们认为三年困难时期是CEO创伤的一个来源，我们对预测自然灾害相关创伤的影响的理论持谨慎态度。在某些情况下，不同类型的创伤事件可能引发不同的后果。例如，在集体主义（对比个人主义）社会中经历性暴力的儿童可能会发展出更严重的创伤后应激障碍形式，因为集体主义社会更强调家庭声誉，这可能会增加羞耻和压力（Sawrikar and Katz，2017；Singh，2009）。因此，我们鼓励未来的研究纳入和比较不同类型的创伤事件，以揭示CEO童年创伤暴露与公司战略决策之间的复杂关系。

第三，我们用三年困难时期的严重程度来衡量CEO的创伤，假设这一时期会给样本中的每位CEO带来个人创伤。尽管先前的研究似乎一致认为，重大的悲剧性事件，包括战争和自然灾害，可能会导致个人创伤，但我们并没有直接衡量每位CEO的个人创伤以及大饥荒带来的相应创伤后应激效应。因此，未来可能的一个研究方向是通过对那些经历过重大悲剧事件的人的调查和访谈（Alisic，2011）来精确测量高管的创伤和创伤后应激反应。通过获得第一手信息，未来的研究者可以研究：①创伤事件（或社会创伤）导致个人创伤的机制；②为什么不同的高管对同一个创伤性事件的反应不同；③如何减轻创伤后应激的影响。

第四，可能影响早期CEO应对三年困难时期的因素包括其家庭的政治和经济资源以及当时的健康状况，影响CEO对这一时期的童年记忆，进而影响创伤后应激效应的水平。例如，粮食危机可能通过产前母亲的心理压力影响儿童的心理发育，甚至可能增加其出现反社会人格障碍的风险（Thienkrua et al.，2006）。我们呼吁今后对这一主题进行研究，以铭记这些因素的重要影响。此外，在CEO的童年创伤情境中，社会网络的支持机制何时会出现,也值得探讨。

第五,我们只比较了有创伤经历和没有创伤经历的 CEO 对风险承担的影响,而没有比较有创伤经历的 CEO 和普通大众。我们相信那些成为 CEO 的人会比一般人有更强的能力(生活和工作)从创伤后经历中学习和处理。一些 CEO 可能会把这些创伤经历视为财富,并以此为基础更加坚强地生活。因此,那些有创伤经历的 CEO 会比普通大众更愿意承担风险,这需要在未来的研究中得到更多的关注。

第六,我们有一些实证上的局限性。虽然 Heckman 两阶段模型在现有研究中被广泛记录和采用,其存在特有的局限性(Vance,2009)。未来的研究可以采用其他方法,如 bootstrapping 方法进行估计(Wooldridge,2015)。此外,未来的研究人员可能会采用先验功率分析(Hoenig and Heisey,2001)。此外,我们在分析中采用 CEO 社会地位作为工具变量,但在我们的环境中,这个工具变量的有效性是不可检验的(Antonakis et al.,2010)。在今后的研究中,对工具效度进行有用的推断应谨慎。此外,CEO 的出生地信息在我们的数据库中系统性缺失,这可能会导致对结果的偏见。我们承认这一局限性,并呼吁未来研究收集系统的 CEO 出生地信息,以重新检验我们的发现。

6.5.3 管理启示

我们的发现也有实践意义。一方面,处于扩张阶段的公司可能不建议聘请有童年灾难经历的 CEO,因为这些公司需要 CEO 做更多冒险的决定,比如创新和新的市场进入。另一方面,不仅是 CEO,其他高管如果没有童年的创伤经历也会做出冒险决定,比如创新部门的主管。

7 总结

本书基于我国上市公司连锁董事网络的一系列实证研究，将社会网络理论与其他组织理论（组织学习理论、角色理论、高阶理论等）进行整合，以更好解释企业行为，丰富了对社会网络作用机制的理解，推动了社会网络理论和研究的进一步发展。

本书中的实证研究有以下几点重要结论。

第一，社会网络可能对企业有效的学习产生负面效应。以往研究强调企业间网络通过单一学习效应促进企业创新。本书提出，网络伙伴之间的合作可能导致搭便车行为。在第 2 章中，研究表明，当网络伙伴的创新能力很强时，焦点企业可能选择搭便车，而不是自主创新。该研究通过区分网络伙伴与焦点企业的相对创新水平，发现了学习过程中取决于网络伙伴创新状况的潜在障碍。

第二，网络伙伴的网络结构嵌入会对焦点企业产生重要影响。现有研究主要探讨了焦点企业的网络结构对其自身行为和结果的影响。在第 3 章中，研究通过检验合作伙伴的网络中心度多样性对焦点企业创新绩效的影响，发掘了二阶社会资本的溢出价值，对社会网络研究做出贡献。

第三，企业行为在网络中的传递取决于网络位置和行为的匹配效应。在第 4 章中，结合角色理论和网络传染文献，研究表面，基于网络地位的角色期望和连锁企业的实践之间的匹配对焦点企业参与同一类型实践的决定产生关键影响。当网络地位相对较低的企业未实施财务违规行为，会对焦点企业的违规行为产生抑制作用；而当网络地位相对较高的企业实施财务违规行为，会对焦点企业的违规行为产生促进作用。

第四，不同类型的社会关系会对企业行为和结果产生差异化的影响。在第 5 章中，以企业失败学习为研究情境，研究表明，具有较高连锁董事网络中心度的企业不太可能再次陷入财务困境，而具有政治关联的企业更有可能再次陷入财务困境。该研究发掘了董事会连锁关系和政治关联在影响学习过程和组织重复失败方面存在相反作用。在第 6 章中，以企业 CEO 的风险承担行为为研究情境，研究表明，受到过童年创伤的 CEO 其战略风险承担意愿较弱，其董事会连锁关系和政治关联通过施加社会压力，加强了这一抑制效应。这两项研究为回答嵌入不同类型社会网络的企业如何差异化地影响企业行为提供了新颖的见解。

参考文献

[1] 党兴华,魏龙,闫海. 技术创新网络组织惯性对双元创新的影响研究[J]. 科学学研究,2016,34(9):1432-1440.

[2] 钱锡红,杨永福,徐万里. 企业网络位置、吸收能力与创新绩效——一个交互效应模型[J]. 管理世界,2010(5):118-129.

[3] 盛亚,范栋梁. 结构洞分类理论及其在创新网络中的应用[J]. 科学学研究,2009,27(09):1407-1411.

[4] 杨金玉,陈世强. 合作研发网络与企业二元创新——路径依赖导向的调节作用[J]. 工业技术经济,2020,39(6):21-28.

[5] 杨张博. 网络嵌入性与技术创新:间接联系及联盟多样性如何影响企业技术创新[J]. 科学学与科学技术管理,2018,39(7):51-64.

[6] 俞荣建,胡峰,陈力田,等. 知识多样性、知识网络结构与新兴技术创新绩效——基于发明专利数据的 NBD 模型检验[J]. 商业经济与管理,2018(10):38-46.

[7] 曾德明,文金艳. 协作研发网络中心度、知识距离对企业二元式创新的影响[J]. 管理学报,2015,12(10):1479-1486.

[8] 章丹,胡祖光. 网络结构洞对企业技术创新活动的影响研究[J]. 科研管理,2013,34(6):34-41.

[9] 张娜,刘凤朝. 双层次合作网络构建对企业探索性创新绩效的

影响 [J]. 管理工程学报, 2021 (1): 1-11.

[10] 张晓黎, 覃正. 知识与合作网络结构洞对技术创新绩效的影响 [J]. 软科学, 2013, 27 (12): 58-62.

[11] Abrahamson, E. Managerial Fads and Fashions: The Diffusion and Rejection of Innovations [J]. Academy of Management Review, 1991, 16 (3): 586-612.

[12] Adler, P. S., Kwon, S. W. Social Capital: Prospects for a New Concept [J]. Academy of Management Review, 2002, 27, 17-40.

[13] Afuah, A. Are Network Effects ReallyAll about Size? The Role of Structure and Conduct [J]. Strategic Management Journal, 2013, 34 (3): 257-273.

[14] Aguinis, H., Gottfredson, R. K., Joo, H. Best-practice Recommendations for Defining, Identifying, and Handling Outliers [J]. Organizational Research Methods, 2013, 16 (2): 270-301.

[15] Ahuja, G. Collaboration Networks, Structural Holes, and Innovation: A Longitudinal Study [J]. Administrative Science Quarterly, 2000, 45 (3): 425-455.

[16] Ahuja, G., Lampert, C. M., Tandon, V. Moving Beyond Schumpeter: Management Research on the Determinants of Technological Innovation [J]. Academy of Management Annals, 2008, 2 (1): 1-98.

[17] Ai, C., Norton, E. C. Interaction Terms in Logit and Probit Models [J]. Economics Letters, 2003, 80 (1): 123-129.

[18] Aiken, L. S., West, S. G., Reno, R. R. Multiple Regression: Testing and Interpreting Interactions [M]. Sage, 1991.

[19] Alisic, E. Children and Trauma: A Broad Perspective on Exposure and Recovery [D]. Doctoral Dissertation, Utrecht University, 2011.

[20] Allison, P. D. Logistic Regression Using SAS: Theory and Applications [M]. Carey, NC: SAS, 1999.

[21] Almeida, P., Phene, A. Subsidiaries and Knowledge Creation: The Influence of the MNC and Host Country on Innovation [J]. Strategic Management Journal, 2004, 25 (8-9): 847-864.

[22] Andrews, M., Schank, T., Upward, R. Practical Fixed-effects Estimation Methods for the Three-way error-components Model [J]. The Stata Journal, 2006, 6 (4): 461-481.

[23] Antonakis, J., Bendahan, S., Jacquart, P., Lalive, R. On Making Causal Claims: A Review and Recommendations [J]. The Leadership Quarterly, 2010, 21 (6): 1086-1120.

[24] Audia, P. G., Locke, E. A., Smith, K. G. The Paradox of Success: An Archival and a Laboratory Study of Strategic PersistenceFollowing Radical Environmental Change [J]. Academy of Management Journal, 2000, 43 (5): 837-853.

[25] Baird, I. S., Thomas, H. Toward a Contingency Model of Strategic Risk Taking [J]. Academy of Management Review, 1985, 10 (2): 230-243.

[26] Bao, F., Zhao, Y., Tian, L., Li, Y. From Financial Misdemeanants to Recidivists: The Perspective of Social Networks [J]. Management and Organization Review, 2019, 15 (4): 809-835.

[27] Barrat, A., Barthelemy, M., Pastor-Satorras, R., Vespignani, A. The Architecture of Complex Weighted Networks [J]. Proceedings of the National Academy of Sciences, 2004, 101 (11): 3747-3752.

[28] Bartos, P. J. Is Mining a High-tech Industry? Investigations into Innovation and Productivity Advance [J]. Resources Policy, 2007, 32 (4): 149-158.

[29] Bastian, B., Koval, P., Erbas, Y., Houben, M., Pe, M., Kuppens, P. Sad and Alone: Social Expectancies for Experiencing Negative Emotions Are Linked to Feelings of Loneliness [J]. Social Psychological and Personality Science, 2015, 6 (5): 496-503.

[30] Bastian, B., Pe, M. L., Kuppens, P. Perceived Social Pressure Not to Experience Negative Emotion Is Linked to Selective Attention for Negative Information [J]. Cognition and Emotion, 2017, 31 (2): 261-268.

[31] Baum, J. A., Dahlin, K. Aspiration Performance and Railroads' Patterns of Learning from Train Wrecks and Crashes [J]. Organization Science, 2007, 18 (3): 368-385.

[32] Beasley, M. S. An Empirical Analysis of the Relation Between the Board of Director Composition and Financial Statement Fraud [J]. Accounting Review, 1996, 71 (4): 443-465.

[33] Beckman, C. M., Haunschild, P. R. Network Learning: the Effects of Partners' Heterogeneity of Experience on Corporate Acquisitions [J]. Administrative Science Quarterly, 2002, 47 (1): 92-124.

[34] Beckman, C. M., Haunschild, P. R., Phillips, D. J. Friends or Strangers? Firm-specific Uncertainty, Market Uncertainty, and Network Partner Selection [J]. Organization Science, 2004, 15 (3): 259-275.

[35] Bellamy, M. A., Ghosh, S., Hora, M. The Influence of Supply Network Structure on Firm Innovation [J]. Journal of Operations Management, 2014, 32 (6): 357-373.

[36] Benjamin, B. A., Podolny, J. M. Status, Quality, and Social Order in the California Wine Industry [J]. Administrative Science Quarterly, 1999, 44 (3): 563-589.

[37] Berchicci, L. Towards an Open R&D System: Internal R&D In-

vestment, External Knowledge Acquisition and Innovative Performance [J]. Research Policy, 2013, 42 (1): 117-127.

[38] Berger, J., Rosenholtz, S. J., Zelditch Jr, M. Status Organizing Processes [J]. Annual Review of Sociology, 1980, 6 (1): 479-508.

[39] Berkman, L. F., Glass, T., Brissette, I., Seeman, T. E. From Social Integration to Health: Durkheim in the New Millennium [J]. Social Science and Medicine, 2000, 51 (6): 843-857.

[40] Bernile, G., Bhagwat, V., Rau, P. R. What Doesn't Kill You Will only Make You more Risk-loving: Early-life Disasters and CEO Behavior [J]. The Journal of Finance, 2017, 72 (1): 167-206.

[41] Bertrand, M., Kramarz, F., Schoar, A., Thesmar, D. Politically Connected CEOs and Corporate Outcomes: Evidence from France [J]. Working Paper, University of Chicago, 2004.

[42] Biddle, B. J. Recent Developments in Role Theory [J]. Annual Review of Sociology, 1986, 12 (1): 67-92.

[43] Birkinshaw, J., Nobel, R., Ridderstråle, J. Knowledge As a Contingency Variable: Do the Characteristics of Knowledge Predict Organization Structure? [J]. Organization Science, 2002, 13 (3): 274-289.

[44] Bizjak, J., Lemmon, M., Whitby, R. Option Backdating and Board Interlocks [J]. Review of Financial Studies, 2009, 22 (11): 4821-4847.

[45] Blau, P. M. A Macrosociological Theory of Social Structure [J]. American Journal of Sociology, 1977, 83 (1): 26-54.

[46] Boeker, W. Strategic Change: The Influence of Managerial Characteristics and Organizational Growth [J]. Academy of Management Journal, 1997, 40 (1): 152-170.

[47] Boling, J. R., Pieper, T. M., Covin, J. G. CEO Tenure and En-

trepreneurial Orientation Within Family and Nonfamily Firms [J]. Entrepreneurship Theory and Practice, 2016, 40 (4): 891-913.

[48] Bolton, M. K. Organizational Innovation and Substandard Performance-whenis Necessity the Mother of Innovation [J]. Organization Science, 1993, 4 (1): 57-75.

[49] Bonacich, P. Power and Centrality: A Family of Measures [J]. American Journal of Sociology, 1987, 92 (5): 1170-1182.

[50] Bonanno, G. A. Loss, Trauma, and Human Resilience: Have We Underestimated the Human Capacity to Thrive after extremely Aversive Events? [J] American Psychologist, 2004, 59 (1): 20-28.

[51] Borgatti, S. P., Foster, P. C. The Network Paradigm in Organizational Research: A Review and Typology [J]. Journal of Management, 2003, 29 (6): 991-1013.

[52] Borgatti, S. P., Halgin, D. S. On Network Theory [J]. Organization Science, 2011, 22 (5): 1168-1181.

[53] Bovin, M. J., Marx, B. P. The Importance of the Peritraumatic Experience in Defining Traumatic Stress [J]. Psychological Bulletin, 2011, 137 (1): 47-67.

[54] Boyd, B. Corporate Linkages and Organizational Environment: A Test of the Resource Dependence Model [J]. Strategic Management Journal, 1990, 11 (6): 419-430.

[55] Brass, D. J. Being in the Right Place: A Structural Analysis of Individual Influence in an Organization [J]. Administrative Science Quarterly, 1984, 29 (4): 518-539.

[56] Brass, D. J. Connecting to Brokers: Strategies for Acquiring Social Capital. In V. O. Barkus, J. H. Davis (Eds.). Social Capital: Reaching out,

Reaching in: 260-274 [M]. Cheltenham, UK: Edward Elgar, 2009.

[57] Brass, D. J., Butterfield, K. D., Skaggs, B. C. Relationships and Unethical Behavior: A Social Network Perspective [J]. Academy of Management Review, 1998, 23 (1): 14-31.

[58] Brown, J. L., Drake, K. D. Network Ties among Low-tax Firms [J]. The Accounting Review, 2014, 89 (2): 483-510.

[59] Bucciol, A., Zarri, L. Financial Risk Aversion and Personal Life History [J]. Working Paper. University of Verona, Verona, 2013.

[60] Burt, R. S. Cooptive Corporate Actor Networks: A Reconsideration of Interlocking Directorates Involving American Manufacturing [J]. Administrative Science quarterly, 1980, 25 (4): 557-582.

[61] Burt, R. S. Structural Holes: The Social Structure of Competition [M]. Boston, MA: Harvard University Press, 1992.

[62] Burt, R. S. Secondhand Brokerage: Evidence on the Importance of Local Structure for Managers, Bankers, and Analysts [J]. Academy of Management Journal, 2007, 50 (1): 119-148.

[63] Burt, R. S. Neighbor Networks: Competitive Advantage Local and Personal [M]. Oxford University Press, 2010.

[64] Callen, M., Isaqzadeh, M., Long, J. D., Sprenger, C. Violence and Risk Preference: Experimental Evidence from Afghanistan [J]. American Economic Review, 2014, 104 (1): 123-148.

[65] Campbell, R. J., Jeong, S. H., Graffin, S. D. Born to Take Risk? The Effect of CEO Birth Order on Strategic Risk Taking [J]. Academy of Management Journal, 2019, 62 (4): 1278-1306.

[66] Caner, T., Cohen, S. K., Pil, F. Firm Heterogeneity in Complex Problem Solving: A Knowledge-based Look at Invention [J]. Strategic Manage-

ment Journal, 2017, 38 (9): 1791-1811.

[67] Cao, J., Smith, E. B. Why Do High-status People Have Larger Social Networks? Belief in Status-quality Coupling As a Driver of Network-broadening Behavior and Social Network Size [J]. Organization Science, 2021, 32 (1): 111-132.

[68] Carmeli, A. Social Capital, Psychological Safety and Learning Behaviours from Failure in Organisations [J]. Long Range Planning, 2007, 40 (1): 30-44.

[69] Carmeli, A., Tishler, A., Edmondson, A. C. CEO Relational Leadership and Strategic Decision Quality in Top Management Teams: The Role of Team Trust and Learning from Failure [J]. Strategic Organization, 2012, 10 (1): 31-54.

[70] Carpenter, M. A., Li, M., Jiang, H. Social Network Research in Organizational Contexts: A Systematic Review of Methodological Issues and Choices [J]. Journal of Management, 2012, 38 (4): 1328-1361.

[71] Carpenter, M. A., Westphal, J. D. The Strategic Context of External Network Ties: Examining the Impact of Director Appointments on Board Involvement in Strategic Decision Making [J]. Academy of Management Journal, 2001, 4 (4): 639-660.

[72] Castellucci, F., Ertug, G. What's in It for Them? Advantages of Higher-status Partners in Exchange Relationships [J]. Academy of Management Journal, 2010, 53 (1): 149-166.

[73] Cattani, G., Ferriani, S. A Core/Periphery Perspective on Individual Creative Performance: Social Networks and Cinematic Achievements in the Hollywood Film Industry [J]. Organization Science, 2008, 19 (6): 824-844.

[74] Certo, S. T., Busenbark, J. R., Woo, H. S., Semadeni, M.

Sample Selection Bias and Heckman Models in Strategic Management Research [J]. Strategic Management Journal, 2016, 37 (13): 2639-2657.

[75] Chatterjee, A., Hambrick, D. C. It's All about Me: Narcissistic Chief Executive Officers and Their Effects on Company Strategy and Performance [J]. Administrative Science Quarterly, 2007, 52 (3): 351-386.

[76] Chatterjee, A., Hambrick, D. C. Executive Personality, Capability Cues, and Risk Taking: How Narcissistic CEOs React to Their Successes and Stumbles [J]. Administrative Science Quarterly, 2011, 56 (2): 202-237.

[77] Chiu, P. C., Teoh, S. H., Tian, F. Board Interlocks and Earnings Management Contagion [J]. The Accounting Review, 2013, 88 (3): 915-944.

[78] Chow, W. S., Chan, L. S. Social Network, Social Trust and Shared Goals in Organizational Knowledge Sharing [J]. Information and Management, 2008, 45 (7): 458-465.

[79] Christensen, D. M., Dhaliwal, D. S., Boivie, S., Graffin, S. D. Top Management Conservatism and Corporate Risk Strategies: Evidence from Managers' Personal Political Orientation and Corporate Tax Avoidance [J]. Strategic Management Journal, 2015, 36 (12): 1918-1938.

[80] Clarke, D. C. The Independent Director in Chinese Corporate Governance [J]. Delaware Journal of Corporate Law, 2006, 31: 125.

[81] Clarke, D. C. Three Concepts of the Independent Director [J]. Delaware Journal of Corporate Law, 2007, 32: 73.

[82] Clauset, A., Newman, M. E., Moore, C. Finding Community Structure in very Large Networks [J]. Physical Review E, 2004, 70 (6): 066111.

[83] Clement, J., Shipilov, A., Galunic, C. Brokerage as a Public Good: The Externalities of Network Hubs for Different Formal Roles in Creative Or-

ganizations [J]. Administrative Science Quarterly, 2018, 63 (2): 251-286.

[84] Cloodt, M., Hagedoorn, J., Van Kranenburg, H. Mergers and Acquisitions: Their Effect on the Innovative Performance of Companies in High-tech Industries [J]. Research Policy, 2006, 35 (5): 642-654.

[85] Cohen, W. M., Levinthal, D. A. Absorptive Capacity: A New Perspective on Learning and Innovation [J]. Administrative Science Quarterly, 1990, 35 (1): 128-152.

[86] Cohen, L., Frazzini, A., Malloy, C. J. Hiring Cheerleaders: Board Appointments of "Independent" Directors [J]. Management Science, 2012, 58 (6): 1039-1058.

[87] Connelly, B. L., Gangloff, K. A. Corporate Misconduct and the Interlocking Directorate: Bad Companies Corrupt Good Morals [J]. Business Horizons, 2012, 55 (5): 403-408.

[88] Connelly, B. L., Johnson, J. L., Tihanyi, L., Ellstrand, A. E. More Than Adopters: Competing Influences in the Interlocking Directorate [J]. Organization Science, 2011, 22 (3): 688-703.

[89] Corritore, M., Goldberg, A., Srivastava, S. B. Duality in Diversity: How Intrapersonal and Interpersonal Cultural Heterogeneity Relate to Firm Performance [J]. Administrative Science Quarterly, 2020, 65 (2): 359-394.

[90] Copeland, W. E., Keeler, G., Angold, A., Costello, E. J. Traumatic Events and Posttraumatic Stress in Childhood [J]. Archives of General Psychiatry, 2007, 64 (5): 577-584.

[91] Cowen, A. P., Marcel, J. J. Damaged Goods: Board Decisions to Dismiss reputationally Compromised Directors [J]. Academy of Management Journal, 2011, 54 (3): 509-527.

[92] Cox, D. R. Regression Models and Life-tables [J]. Journal of the

Royal Statistical Society, 1972, 34 (2): 187-200.

[93] Cox, C. J., Cooper, C. L. The Making of the British CEO: Childhood, Work Experience, Personality, and Management Style [J]. Academy of Management Perspectives, 1989, 3 (3): 241-245.

[94] Creamer, M., Burgess, P., Pattison, P. Reaction to Trauma: A Cognitive Processing Model [J]. Journal of Abnormal Psychology, 1992, 101 (3): 452-459.

[95] Crossan, M. M., Apaydin, M. A Multi-dimensional Framework of Organizational Innovation: A Systematic Review of the Literature [J]. Journal of Management Studies, 2010, 47 (6): 1154-1191.

[96] Crossland, C., Zyung, J., Hiller, N. J., Hambrick, D. C. CEO Career Variety: Effects on Firm-level Strategic and Social Novelty [J]. Academy of Management Journal, 2014, 57 (3): 652-674.

[97] Cull, R., Li, W., Sun, B., Xu, L. C. Government Connections and Financial Constraints: Evidence from a Large Representative Sample of Chinese Firms [J]. Journal of Corporate Finance, 2015, 32: 271-294.

[98] Custódio, C., Metzger, D. Financial Expert CEOs: CEO's Work Experience and Firm's Financial Policies [J]. Journal of Financial Economics, 2014, 114 (1): 125-154.

[99] Cyert, R. M., March, J. G. A behavioral theory of the firm [M]. Englewood Cliffs, NJ: Prentice-Hall, 1963.

[100] Dagnino, G. B., Picone, P. M., Ferrigno, G. Temporary Competitive Advantage: A State-of-the-art Literature Review and Research Directions [J]. International Journal of Management Reviews, 2021, 23 (1): 85-115.

[101] Dahlin, K. B., Chuang, Y. T., Roulet, T. J. Opportunity, Motivation, and Ability to Learn from Failures and Errors: Review, Synthesis,

and Ways to Move Forward [J]. Academy of Management Annals, 2018, 12 (1): 252-277.

[102] D'Aveni, R. A. Top Managerial Prestige and Organizational Bankruptcy [J]. Organization Science, 1990, 1 (2): 121-142.

[103] Davidson, W. N., Worrel, D. L. The Impact of Announcements of Corporate Illegalities on Shareholder Returns [J]. Academy of Management Journal, 1988, 31 (1): 195-200.

[104] Davis, G. F., Greve, H. R. Corporate Elite Networks and Governance Changes in the 1980s [J]. American Journal of Sociology, 1997, 103 (1): 1-37.

[105] Demirkan, I., Demirkan, S. Network Characteristics and Patenting in Biotechnology, 1990-2006 [J]. Journal of Management, 2012, 38 (6): 1892-1927.

[106] Desai, V. M., Maslach, D., Madsen, P. Organizational Learning from Failure: Present Theory and Future Inquiries [M]. Oxford University Press, 2017.

[107] Diestre, L., Rajagopalan, N. Are All 'Sharks' Dangerous? New Biotechnology Ventures and Partner Selection in R&D Alliances [J]. Strategic Management Journal, 2012, 33 (10): 1115-1134.

[108] Dokko, G., Rosenkopf, L. Social Capital for Hire? Mobility of Technical Professionals and Firm Influence in Wireless Standards Committees [J]. Organization Science, 2010, 21 (3): 677-695.

[109] Donaldson, G. Voluntary Restructuring: The Case of General Mills [J]. Journal of Financial Economics, 1990, 27 (1): 117-141.

[110] Drucker, P. Innovation and Entrepreneurship [M]. Routledge, 2014.

[111] Drucker, J. An Evaluation of Competitive Industrial Structure and

Regional Manufacturing Employment Change [J]. Regional Studies, 2015, 49 (9): 1481-1496.

[112] Dubini, P., Aldricb, H. E. Personal and Extended Networks Are Central to the Entrepreneurial Process [J]. Journal of Business Venturing, 1991, 6 (5): 305-313.

[113] Duysters, G., Lavie, D., Sabidussi, A., Stettner, U. What Drives Exploration? Convergence and Divergence of Exploration Tendencies among Alliance Partners and Competitors [J]. Academy of Management Journal, 2020, 63 (5): 1425-1454.

[114] Ehlers, A., Clark, D. M. A Cognitive Model of Posttraumatic Stress Disorder [J]. Behaviour Research and Therapy, 2000, 38 (4): 319-345.

[115] Ehlers, A., Mayou, R. A., Bryant, B. Cognitive Predictors of Posttraumatic Stress Disorder in Children: Results of a Prospective Longitudinal Study [J]. Behaviour Research and Therapy, 2003, 41 (1): 1-10.

[116] Ehntholt, K. A., Yule, W. Practitioner Review: Assessment and Treatment of Refugee Children and Adolescents Who Have Experienced War-related Trauma [J]. Journal of Child Psychology and Psychiatry, 2006, 47 (12): 1197-1210.

[117] Everett, M. G., Borgatti, S. P. Extending Centrality [J]. Models and Methods in Social Network Analysis, 2005, 35 (1): 57-76.

[118] Faccio, M. Politically connected firms [J]. American Economic Review, 2006, 96 (1): 369-386.

[119] Fan, G., Wang, X., Zhu, H. NERI INDEX of Marketization of China's Provinces (2011) Report [M]. Economic and Science Press, Beijing, 2011.

[120] Fan, J. P., Wong, T. J., Zhang, T. Politically Connected CEOs,

Corporate Governance, and Post-IPO Performance of China's newly partially Privatized Firms [J]. Journal of Financial Economics, 2007, 84 (2): 330-357.

[121] Fang, E., Lee, J., Palmatier, R., Han, S. If It Takes a Village to Foster Innovation, Success Depends on the Neighbors: The Effects of Global and Ego Networks on New Product Launches [J]. Journal of Marketing Research, 2016, 53 (3): 319-337.

[122] Faulkner, R. R., Anderson, A. B. Short-term Projects and Emergent Careers: Evidence from Hollywood [J]. American Journal of Sociology, 1987, 92 (4): 879-909.

[123] Finkelstein, S. Power in Top Management Teams: Dimensions, Measurement, and Validation [J]. Academy of Management Journal, 1992, 35 (3): 505-538.

[124] Finkelstein, S., D'aveni, R. A. CEO Duality as a Double-edged Sword: How Boards of Directors Balance Entrenchment Avoidance and Unity of Command [J]. Academy of Management Journal, 1994, 37 (5): 1079-1108.

[125] Finkelstein, S., Hambrick, D. C. Top – management – team Tenure and Organizational Outcomes-the Moderating Role of Managerial Discretion [J]. Administrative Science Quarterly, 1990, 35 (3): 484-503.

[126] Firth, M., Rui, O. M., Wu, W. The Effects of Political Connections and State Ownership on Corporate Litigation in China [J]. The Journal of Law and Economics, 2011, 54 (3): 573-607.

[127] Fleming, L. Recombinant Uncertainty in Technological Search [J]. Management Science, 2001, 47 (1): 117-132.

[128] Foa, E. B., Riggs, D. S., Gershuny, B. S. Arousal, Numbing, and Intrusion: Symptom Structure of PTSD Following Assault [J]. The American Journal of Psychiatry, 1995, 152 (1): 116-120.

［129］ Freeman, L. C. Centrality in Social Networks: Conceptual Clarification ［J］. Social Networks, 1979, 1: 215-239.

［130］ Freeman, L. C., Roeder, D., Mulholland, R. R. Centrality in Social Networks: ii. Experimental Results ［J］. Social Networks, 1979, 2 (2): 119-141.

［131］ Galunic, C., Ertug, G., Gargiulo, M. The Positive Externalities of Social Capital: Benefiting from Senior Brokers ［J］. Academy of Management Journal, 2012, 55 (5): 1213-1231.

［132］ Geber, J. Children in a Ragged State: Seeking a Biocultural Narrative of a Workhouse Childhood in Ireland During the Great Famine (1845-1852) ［J］. Childhood in the Past, 2016, 9 (2): 120-138.

［133］ Geletkanycz, M. A., Boyd, B. K., Finkelstein. S. The Strategic Value of CEO External Directorate Networks: Implications for CEO Compensation ［J］. Strategic Management Journal, 2001, 22 (9): 889-898.

［134］ Gilsing, V., Nooteboom, B., Vanhaverbeke, W., Duysters, G., van den Oord, A. Network Embeddedness and the Exploration of Novel Technologies: Technological Distance, Betweenness Centrality and Density ［J］. Research Policy, 2008, 37 (10): 1717-1731.

［135］ Gino, F., Ayal, S., Ariely, D. Contagion and Differentiation in Unethical Behavior the Effect of One Bad Apple on the Barrel ［J］. Psychological Science, 2009, 20 (3): 393-398.

［136］ Gnyawali, D. R., Madhavan, R. Cooperative Networks and Competitive Dynamics: A Structural Embeddedness Perspective ［J］. Academy of Management Review, 2001, 26 (3): 431-445.

［137］ Gómez-Solórzano, M., Tortoriello, M., Soda, G. Instrumental and Affective Ties within the Lab: The Impact of Informal Cliques on Innovative

Productivity [J]. Strategic Management Journal, 2019, 40 (10): 1593-1609.

[138] Gong, Y., Zhang, Y., Xia, J. Do Firms Learn More from Small or Big Successes and Failures? A Test of the Outcome-based Feedback Learning Perspective [J]. Journal of Management, 2019, 45 (3): 1034-1056.

[139] Gould R. Collisions of Wills [M]. University of Chicago Press: Chicago, IL, 2003.

[140] Graham, J. R., Narasimhan, K. Corporate Survival and Managerial Experiences during the Great Depression [J]. Working paper, Duke University, 2004.

[141] Granovetter, M. Economic Action and Social Structure: The Problem of Embeddedness [J]. American Journal of Sociology, 1985, 91 (3): 481-510.

[142] Greene, W. Econometric Analysis [M]. Macmillan, New York, NY, 1997.

[143] Greve, H. R. A Behavioral Theory of R&D Expenditures and Innovations: Evidence from Shipbuilding [J]. Academy of Management Journal, 2003, 46 (6): 685-702.

[144] Greve, H. R., Palmer, D., Pozner, J. E. Organizations Gone Wild: The Causes, Processes, and Consequences of Organizational Misconduct [J]. The Academy of Management Annals, 2010, 4 (1): 53-107.

[145] Griliches, Z. Patent Statistics as Economic Indicators: A Survey [J]. Journal of Economic Literature, 1990, 27: 1661-1707.

[146] Griliches, Z., Pakes, A., Hall, B. H. The Value of Patents as Indicators of Economic Activity. Economic Policy and Technological Performance [M]. Cambridge University Press, Cambridge, 1987.

[147] Grimpe, C., Kaiser, U. Balancing Internal and External Knowl-

edge Acquisition: The Gains and Pains from R&D Outsourcing [J]. Journal of Management Studies, 2010, 47 (8): 1483-1509.

[148] Grosser, T. J., Venkataramani, V., Labianca, G. J. An Altercentric Perspective on Employee Innovation: The Importance of Alters' Creative Self-efficacy and Network Structure [J]. Journal of Applied Psychology, 2017, 102 (9): 1360.

[149] Guellec, D., Potterie, B. Applications, Grants and the Value of Patent [J]. Economics Letters, 2000, 69 (1): 109-114.

[150] Gulati, R., Westphal, J. D. Cooperative or Controlling? The Effects of CEO-board Relations and the Content of Interlocks on the Formation of Joint Ventures [J]. Administrative Science Quarterly, 1999, 44 (3): 473-506.

[151] Hall, B. H., Jaffe, A. B., Trajtenberg, M. The NBER Patent Citation Data File: Lessons, Insights and Methodological Tools, WP 8498 [M]. National Bureau of Economic Research, 2001.

[152] Hall, A., Wellman, B. Social Networks and Social Support. S. Cohen, S. L. Syme (Eds.), Social Support and Health [M]. San Diego, CA: Academic Press, 1985, 3: 23-41.

[153] Hambrick, D. C. The Field of Management's Devotion to Theory: Too Much of a Good Thing? [J] Academy of Management Journal, 2007, 50 (6): 1346-1352.

[154] Hambrick, D. C., Mason, P. A. Upper Echelons: The Organization as a Reflection of Its Top Managers [J]. Academy of Management Review, 1984, 9 (2): 193-206.

[155] Hamburger, A. Trauma, Trust, and Memory: Social Trauma and Reconciliation in Psychoanalysis, Psychotherapy, and Cultural Memory [M]. New York: Routledge, 2020.

[156] Hamel, G. Competition for Competence and Interpartner Learning within International Strategic Alliances [J]. Strategic Management Journal, 1991, 12 (S1): 83-103.

[157] Hamilton, B. H., Nickerson, J. A. Correcting for Endogeneity in Strategic Management Research [J]. Strategic organization, 2003, 1 (1): 51-78.

[158] Haunschild, P. R. Interorganizational Imitation: The Impact of Interlocks on Corporate Acquisition Activity [J]. Administrative Science Quarterly, 1993, 38 (4): 564-592.

[159] Haunschild, P. R. How Muchis that Company Worth? Interorganizational Relationships, Uncertainty, and Acquisition Premiums [J]. Administrative Science Quarterly, 1994, 39 (3): 391-411.

[160] Haunschild, P. R., Beckman, C. M. When Do Interlocks Matter? Alternate Sources of Information and Interlock Influence [J]. Administrative Science Quarterly, 1998, 43 (4): 815-844.

[161] Haunschild, P., Polidoro, F., Chandler, D. Organizational Oscillation between Learning and Forgetting: The Dual Role of Serious Errors [J]. Organization Science, 2015, 26 (6): 1682-1701.

[162] Haunschild, P. R., Sullivan, B. N. Learning from Complexity: Effects of Prior Accidents and Incidents on Airlines' Learning [J]. Administrative Science Quarterly, 2002, 47 (4): 609-643.

[163] Hausman, J. A. Specification Tests in Econometrics [J]. Econometrica, 1978, 46 (6): 1251-1271.

[164] Hausman, J. A., Hall, B. H., Griliches, Z. Econometric Models for Count Data with an Application to the Patents-R&D Relationship [J]. Econometrica: Journal of the Econometric Society, 1984, 52 (4): 909-938.

[165] Haynes, K. T., Hillman, A. The Effect of Board Capital and CEO Power on Strategic Change [J]. Strategic Management Journal, 2010, 31 (11): 1145-1163.

[166] He, J., Huang, Z. Board Informal Hierarchy and Firm Financial Performance: Exploring a Tacit Structure Guiding Boardroom Interactions [J]. Academy of Management Journal, 2011, 54 (6): 1119-1139.

[167] Heckman, J. J. Sample Selection Bias as a Specification Error [J]. Econometrica, 1979, 47 (1): 153-161.

[168] Heckman, J. Instrumental Variables: A Study of Implicit Behavioral Assumptions Used in Making Program Evaluations [J]. Journal of Human Resources, 1997, 32 (3): 441-462.

[169] Henderson, R., Clark, K. B. Architectural Innovation: The Reconfiguration of Existing Product Technologies and the Failure of Established Firms [J]. Administrative Science Quarterly, 1990, 35 (1): 9-30.

[170] Heracleous, L., Murray, J. Networks, Interlocking Directors and Strategy: Toward a Theoretical Framework [J]. Asia Pacific Journal of Management, 2001, 18 (2): 137-160.

[171] Herringa, R. J. Trauma, PTSD, and the Developing Brain [J]. Current Psychiatry Reports, 2017, 19 (10): 69.

[172] Herrmann, P., Datta, D. K. CEO Experiences: Effects on the Choice of FDI Entry Mode [J]. Journal of Management Studies, 2006, 43 (4): 755-778.

[173] Hillman, A. J., Zardkoohi, A., Bierman, L. Corporate Political Strategies and Firm Performance: Indications of Firm-specific Benefits from Personal Service in the US Government [J]. Strategic Management Journal, 1999, 20 (1): 67-81.

[174] Hirak, R., Peng, A. C., Carmeli, A., Schaubroeck, J. M. Linking Leader Inclusiveness to Work Unit Performance: The Importance of Psychological Safety and Learning from Failures [J]. The Leadership Quarterly, 2012, 23 (1): 107-117.

[175] Hirst, G., Van Knippenberg, D., Zhou, J., Quintane, E., Zhu, C. Heard It through the Grapevine: Indirect Networks and Employee Creativity [J]. Journal of Applied Psychology, 2015, 100 (2): 567.

[176] Hipp, C., Grupp, H. Innovation in the Service Sector: The Demand for Service-specific Innovation Measurement Concepts and Typologies [J]. Research Policy, 2005, 34 (4): 517-535.

[177] Hoenig, J. M., Heisey, D. M. The Abuse of Power: The Pervasive Fallacy of Power Calculations for Data Analysis. [J]. The American Statistician, 2001, 55 (1): 19-24.

[178] Hoetker, G. The Use of Logit and Probit Models in Strategic Management Research: Critical Issues [J]. Strategic Management Journal, 2007, 28 (4): 331-343.

[179] Hofstede, G., Hofstede, G. J., Minkov, M. 2005. Cultures and Organizations: Software of the Mind [M]. New York: Mcgraw-hill, 2005.

[180] Holan, P. M. D., Phillips, N. Remembrance of Things Past? The Dynamics of Organizational Forgetting [J]. Management Science, 2004, 50 (11): 1603-1613.

[181] Hu, A. G., Jefferson, G. H. A Great Wall of Patents: What is Behind China's Recent Patent Explosion? [J]. Journal of Development Economics, 2009, 90 (1): 57-68.

[182] Huang, K. G., Li, J., Cantwell, J. Adopting Knowledge from Reverse Innovations? Transnational Patents and Signaling from an Emerging Economy

[J]. Journal of International Business Studies, 2019, 50 (7): 1-25.

[183] Huang, C., Shields, T. G. Interpretation of Interaction Effects in Logit and Probit Analyses: Reconsidering the Relationship between Registration Laws, Education, and Voter Turnout [J]. American Politics Quarterly, 2000, 28 (1): 80-95.

[184] Iacus, S. M., King, G., Porro, G. Multivariate Matching Methods that Are Monotonic Imbalance Bounding [J]. Journal of the American Statistical Association, 2011, 106 (493): 345-361.

[185] Iacus, S. M., King, G., Porro, G. Causal Inference without Balance Checking: Coarsened Exact Matching [J]. Political Analysis, 2012, 20 (1): 1-24.

[186] Ibarra, H. Homophily and Differential Returns: Sex Differences in Network Structure and Access in an Advertising Firm [J]. Administrative Science Quarterly, 1992, 37 (3): 422-447.

[187] Ingram, P. Interorganizational Learning. In J. A. C. Baum (Ed.), Companion to Organizations, 2002: 642-663. New York: Blackwell.

[188] Inoue, C. Election Cycles and Organizations: How Politics Shapes the Performance of State-owned Enterprises Over Time [J]. Administrative Science Quarterly, 2020, 65 (3): 677-709.

[189] Janoff-Bulman, R. Shattered Assumptions: Towards a New Psychology of Trauma [M]. New York: The Free Press, 1992.

[190] Jensen, M. Should We Stay or Should We Go? Accountability, Status Anxiety, and Client Defections [J]. Administrative Science Quarterly, 2006, 51 (1): 97-128.

[191] Jensen, M., Kim, H., Kim, B. K. Meeting Expectations: A Role-theoretic Perspective on Reputation [J]. The Oxford Handbook of Corpo-

rate Reputation, 2012: 140-159.

[192] Jia, N., Huang, K. G., Man Zhang, C. Public Governance, Corporate Governance, and Firm Innovation: An Examination of State-owned Enterprises [J]. Academy of Management Journal, 2019, 62 (1): 220-247.

[193] Jiang, H., Cannella Jr, A. A., Xia, J., Semadeni, M. Choose to Fight or Choose to Flee? A Network Embeddedness Perspective of Executive Ship Jumping in Declining Firms [J]. Strategic Management Journal, 2017, 38 (10): 2061-2079.

[194] Jiang, G., Wang, H. Should Earnings Thresholds Be Used as Delisting Criteria in Stock Market [J]. Journal of Accounting and Public Policy, 2008, 27 (5): 409-419.

[195] Jiang, Y., Yang, Y., Zhao, Y., Li, Y. Partners' Centrality Diversity and Firm Innovation Performance: Evidence from China [J]. Industrial Marketing Management, 2020, 88: 22-34.

[196] Jiang, Y., Zhao, Y. Financial Fraud Contagion through Board Interlocks: the Contingency of Status [J]. Management Decision, 2019, 58 (2): 280-294.

[197] John, K., Litov, L., Yeung, B. Corporate Governance and Risk-taking [J]. The Journal of Finance, 2008, 63 (4): 1679-1728.

[198] Kalnins, A. Multicollinearity: How Common Factors Cause Type 1 Errors in Multivariate Regression [J]. Strategic Management Journal, 2018, 39 (8): 2362-2385.

[199] Kang, Y., Zhu, D. H., Zhang, Y. A. Being Extraordinary: How CEOs' Uncommon Names Explain Strategic Distinctiveness [J]. Strategic Management Journal, 2021, 42 (2): 462-488.

[200] Katila, R., Rosenberg, J. D., Eisenhardt, K. M. Swimming

with Sharks: Technology Ventures and Corporate Relationships [J]. Administrative Science Quarterly, 2008, 53 (2): 295-332.

[201] Kaufmann, A., Tödtling, F. System of Innovation in Traditional Industrial Regions: The Case of Styria in a Comparative Perspective [J]. Regional Studies, 2000, 34 (1): 29-40.

[202] Kaufmann, A., Tödtling, F. Science-industry Interaction in the Process of Innovation: The Importance of Boundary-crossing between Systems [J]. Research Policy, 2001, 30 (5): 791-804.

[203] Kedia, S., Koh, K., Rajgopal, S. Evidence on Contagion in Earnings Management [J]. The Accounting Review, 2015, 90 (6): 2337-2373.

[204] Keil, T., Maula, M., Schildt, H., Zahra, S. A. The Effect of Governance Modes and Relatedness of External Business Development Activities on Innovative Performance [J]. Strategic Management Journal, 2008, 29 (8): 895-907.

[205] Kelly, D., Amburgey, T. L. Organizational Inertia and Momentum: A Dynamic Model of Strategic Change [J]. Academy of Management Journal, 1991, 34 (3): 591-612.

[206] Keupp, M. M., Palmié, M., Gassmann, O. The Strategic Management of Innovation: A Systematic Review and Paths for Future Research [J]. International Journal of Management Reviews, 2012, 14 (4): 367-390.

[207] Kilduff, M., Brass, D. J. Organizational Social Network Research: Core Ideas and Key Debates [J]. Academy of Management Annals, 2010, 4 (1): 317-357.

[208] Kim, T. Y., Oh, H., Swaminathan, A. Framing Interorganizational Network Change: A Network Inertia Perspective [J]. Academy of Management Review, 2006, 31 (3): 704-720.

[209] Kim, Y. I., Lee, J. The Long-run Impact of a Traumatic Experience on Risk Aversion [J]. Journal of Economic Behavior and Organization, 2014, 108: 174-186.

[210] Kish-Gephart, J. J., Campbell, J. T. You Don't Forget Your Roots: The Influence of CEO Social Class Background on Strategic Risk Taking [J]. Academy of Management Journal, 2015, 58 (6): 1614-1636.

[211] Klein, L. L., Bortolaso, I. V., Minà, A. The Impact of Social Features Underlying Inter-organizational Networks on Learning: Insights from Brazilian Evidence [J]. Journal of Business Industrial Marketing, 2021, 36 (9): 1556-1569.

[212] Kleinbaum, A. M., Jordan, A. H., Audia, P. G. An Altercentric Perspective on the Origins of Brokerage in Social Networks: How Perceived Empathy Moderates the Self-monitoring Effect [J]. Organization Science, 2015, 26 (4): 1226-1242.

[213] Kleinbaum, D. G., Kupper, L. L., Muller, K. E. Applied Regression Analysis and Other Multivariable Methods [M]. PWS Publishing: Boston, MA, 1988.

[214] Kotabe, M., Jiang, C. X., Murray, J. Y. Examining the Complementary Effect of Political Networking Capability with Absorptive Capacity on the Innovative Performance of Emerging-market Firms [J]. Journal of Management, 2017 (43): 1131-1156.

[215] La Greca, A. M., Silverman, W. K., Vernberg, E. M., Prinstein, M. J. Symptoms of Posttraumatic Stress in Children After Hurricane Andrew: A Prospective Study [J]. Journal of Consulting and Clinical Psychology, 1996, 64 (4): 712-723.

[216] Lakens, D. Equivalence Tests: A Practical Primer for T Tests,

Correlations, and Meta-analyses [J]. Social Psychological and Personality Science, 2017, 8 (4): 355-362.

[217] Lakens, D., McLatchie, N., Isager, P. M., Scheel, A. M., Dienes, Z. Improving Inferences about Null Effects with Bayes Factors and Equivalence Tests [J]. The Journals of Gerontology: Series B, 2020, 75 (1): 45-57.

[218] Lakens, D., Scheel, A. M., Isager, P. M. Equivalence Testing for Psychological Research: A Tutorial [J]. Advances in Methods and Practices in Psychological Science, 2018, 1 (2): 259-269.

[219] Landolt, M. A., Vollrath, M., Timm, K., Gnehm, H. E., Sennhauser, F. H. Predicting Posttraumatic Stress Symptoms in Children after Road Traffic Accidents [J]. Journal of the American Academy of Child and Adolescent Psychiatry, 2005, 44 (12): 1276-1283.

[220] Langs, R. Death Anxiety and Clinical Practice [M]. London: Karnac Books, 1997.

[221] Lant, T. K. Aspiration Level Adaptation: An Empirical Exploration [J]. Management Science, 1992, 38 (5): 623-644.

[222] Laursen, K., Salter, A. Open for Innovation: the Role of Openness in Explaining Innovation Performance among UK Manufacturing Firms [J]. Strategic Management Journal, 2006, 27 (2): 131-150.

[223] Lerner, J. S., Keltner, D. Fear, Anger, and Risk [J]. Journal of Personality and Social Psychology, 2001, 81 (1): 146.

[224] Lerner, R. M., Johnson, S. K., Buckingham, M. H. Relational Developmental Systems-based Theories and the Study of Children and Families: Lerner and Spanier (1978) Revisited [J]. Journal of Family Theory and Review, 2015, 7 (2): 83-104.

[225] Levinthal, D., March, J. G. A Model of Adaptive Organizational Search [J]. Journal of Economic Behavior and Organization, 1981, 2 (4): 307-333.

[226] Levy, D. M. Psychic Trauma of Operations in Children, and a Note on Combat Neurosis [J]. American Journal of Diseases of Children, 1945, 69 (1): 7-25.

[227] Liang, K. Y., Zeger, S. L. Longitudinal Data Analysis Using Generalized Linear Models [J]. Biometrika, 1986, 73 (1): 13-22.

[228] Li, H., Atuahene-Gima, K. Product Innovation Strategy and the Performance of New Technology Ventures in China [J]. Academy of Management Journal, 2001, 44 (6): 1123-1134.

[229] Li, J., Tang, Y. I. CEO Hubris and Firm Risk Taking in China: The Moderating Role of Managerial Discretion [J]. Academy of Management Journal, 2010, 53 (1): 45-68.

[230] Li, J., Xia, J., Zajac, E. J. On the Duality of Political and Economic Stakeholder Influence on Firm Innovation Performance: Theory and Evidence from Chinese Firms [J]. Strategic Management Journal, 2018, 39 (1): 193-216.

[231] Li, J. J., Zhou, K. Z. How Foreign Firms Achieve Competitive Advantage in the Chinese Emerging Economy: Managerial Ties and Market Orientation [J]. Journal of Business Research, 2010, 63 (8): 856-862.

[232] Lim, E. N., McCann, B. T. Performance Feedback and Firm Risk Taking: The Moderating Effects of CEO and Outside Director Stock Options [J]. Organization Science, 2013, 25 (1): 262-282.

[233] Lin, N. Social Capital: A Theory of Social Structure and Action [M]. Cambridge: New York, 2001.

[234] Lin, B. W., Wu, C. H. How Does Knowledge Depth Moderate the Performance of Internal and External Knowledge Sourcing Strategies? [J]. Technovation, 2010, 30 (11-12): 582-589.

[235] Lin, J. Y., Yang, D. T. Food Availability, Entitlements and the Chinese Famine of 1959-61 [J]. The Economic Journal, 2000, 110 (460): 136-158.

[236] Lin, Z. J., Yang, H., Arya, B. Alliance Partners and Firm Performance: Resource Complementarity and Status Association [J]. Strategic Management Journal, 2009, 30 (9): 921-940.

[237] Liu, H., Mihm, J., Sosa, M. E. Where Do Stars Come From? The Role of Star vs. Nonstar Collaborators in Creative Settings [J]. Organization Science, 2018, 29 (6): 1149-1169.

[238] Loewenstein, G., Lerner, J. S. The Role of Affect in Decision Making [J]. Handbook of Affective Science, 2003: 619-642.

[239] Luo, X., Chung, C. N. Keeping It All in the Family: The Role of Particularistic Relationships in Business Group Performance during Institutional Transition [J]. Administrative Science Quarterly, 2005, 50 (3): 404-439.

[240] Luk, C. L., Yau, O. H., Sin, L. Y., Tse, A. C., Chow, R. P., Lee, J. S. The Effects of Social Capital and Organizational Innovativeness in Different Institutional Contexts [J]. Journal of International Business Studies, 2008, 39 (4): 589-612.

[241] Lyoo, I. K., Kim, J. E., Yoon, S. J., Hwang, J., Bae, S., Kim, D. J. The Neurobiological Role of the Dorsolateral Prefrontal Cortex in Recovery from Trauma: Longitudinal Brain Imaging Study among Survivors of the South Korean Subway Disaster [J]. Archives of General Psychiatry, 2011, 68 (7): 701-713.

[242] Madsen, P. M., Desai, V. M. Failing to Learn? The Effects of Failure and Success on Organizational Learning in the Global Orbital Launch Vehicle Industry [J]. Academy of Management Journal, 2010, 53 (3): 451-476.

[243] Malmendier, U., Nagel, S. Depression Babies: Do Macroeconomic Experiences Affect Risk Taking? [J] The Quarterly Journal of Economics, 2011, 126 (1): 373-416.

[244] Malmendier, U., Tate, G., Yan, J. Overconfidence and Early-life Experiences: The Effect of Managerial Traits on Corporate Financial Policies [J]. The Journal of Finance, 2011, 66 (5): 1687-1733.

[245] Manning, W. G., Mullahy, J. Estimating Log Models: To Transform or Not to Transform? [J] Journal of Health Economics, 2001, 20 (4): 461-494.

[246] Mannor, M. J., Wowak, A. J., Bartkus, V. O., Gomez-Mejia, L. R. Heavy Lies the Crown? How Job Anxiety Affects Top Executive Decision Making in Gain and Loss Contexts [J]. Strategic Management Journal, 2016, 37 (9): 1968-1989.

[247] Marcel, J. J., Cowen, A. P. Cleaning House or Jumping Ship? Understanding Board Upheaval Following Financial Fraud [J]. Strategic Management Journal, 2014, 35 (6): 926-937.

[248] March, J. G., Shapira, Z. Variable Risk Preferences and the Focus of Attention [J]. Psychological Review, 1992, 99 (1): 172.

[249] Mariolis, P., Jones, M. H. Centrality in Corporate Interlock Networks: Reliability and Stability [J]. Administrative Science Quarterly, 1982, 27 (4): 571-585.

[250] Markóczy, L., Li Sun, S., Peng, M. W., Ren, B. Social Network Contingency, Symbolic Management, and Boundary Stretching [J].

Strategic Management Journal, 2013, 34 (11): 1367-1387.

[251] Marquis, C., Qian, C. Corporate Social Responsibility Reporting in China: Symbol or Substance? [J]. Organization Science, 2014, 25 (1): 127-148.

[252] Martin, G., Gözübüyük, R., Becerra, M. Interlocks and Firm Performance: the Role of Uncertainty in the Directorate Interlock-performance Relationship [J]. Strategic Management Journal, 2015, 36 (2): 235-253.

[253] Matthey, S., Silove, D., Barnett, B., Fitzgerald, M. H., Mitchell, P. Correlates of Depression and PTSD in Cambodian Women with Young Children: A Pilot Study [J]. Stress Medicine, 1999, 15 (2): 103-107.

[254] Maula, M. V., Keil, T., Zahra, S. A. Top Management's Attention to Discontinuous Technological Change: Corporate Venture Capital as an Alert Mechanism [J]. Organization Science, 2013, 24 (3): 926-947.

[255] Merton, R. K. The Role-set: Problems in Sociological Theory [J]. The British Journal of Sociology, 1957, 8 (2): 106-120.

[256] Meschi, P., Metais, E. Too Big to Learn: The Effects of Major Acquisition Failures on Subsequent Acquisition Divestment [J]. British Journal of Management, 2015, 26 (3): 408-423.

[257] Miao, Y., Salomon, R. M., Song, J. Learning from Technologically Successful Peers: the Convergence of Asian Laggards to the Technology Frontier. Organization Science, 2021, 32 (1): 210-232.

[258] Mishina, Y., Dykes, B. J., Block, E. S., Pollock, T. G. Why "Good" Firms Do Bad Things: The Effects of High Aspirations, High Expectations, and Prominence on the Incidence of Corporate Illegality [J]. Academy of Management Journal, 2010, 53 (4): 701-722.

[259] Mizruchi, M. S. What Do Interlocks Do? An Analysis, Critique,

and Assessment of Research on Interlocking Directorates [J]. Annual Review of Sociology, 1996, 22 (1): 271-298.

[260] Mizruchi, M. S., Bunting, D. Influence in Corporate Networks: An Examination of Four Measures [J]. Administrative Science Quarterly, 1981, 26 (3): 475-489.

[261] Morris, M. W., Moore, P. C. The Lessons We (Don't) Learn: Counterfactual Thinking and Organizational Accountability after a Close Call [J]. Administrative Science Quarterly, 2000, 45 (4): 737-765.

[262] Moya, A. Violence, Psychological Trauma, and Risk Attitudes: Evidence from Victims of Violence in Colombia [J]. Journal of Development Economics, 2018, 131: 15-27.

[263] Musacchio, A., Lazzarini, S. G. Reinventing State Capitalism: Leviathan in Business, Brazil and Beyond [M]. Cambridge, MA: Harvard University Press, 2014.

[264] Münzer, A., Ganser, H. G., Goldbeck, L. Social Support, Negative Maltreatment-related Cognitions and Posttraumatic Stress Symptoms in Children and Adolescents [J]. Child Abuse and Neglect, 2017, 63: 183-191.

[265] Nag, R., Hambrick, D. C., Chen, M. What is Strategic Management, really? Inductive Derivation of a Consensus Definition of the Field [J]. Strategic Management Journal, 2007, 28 (9): 935-955.

[266] Nahapiet, J., Ghoshal, S. Social Capital, Intellectual Capital, and the Organizational Advantage [J]. Academy of Management Review, 1998, 23 (2): 242-266.

[267] Nelson, R. R., Winter, S. An Evolutionary Theory of Economic Change [M]. Cambridge, MA: Harvard University Press, 1982.

[268] Nisbett, R. E., Ross, L. Human Inference: Strategies and Short-

comings of Social Judgment [M]. Englewood Cliffs, NJ: Prentice-Hall, 1980.

[269] Norman, G. J., Hawkley, L., Ball, A., Berntson, G. G., Cacioppo, J. T. Perceived Social Isolation Moderates the Relationship between Early Childhood Trauma and Pulse Pressure in Older Adults [J]. International Journal of Psychophysiology, 2013, 88 (3): 334-338.

[270] Nutt, P. C. Contingency Approaches Applied to the Implementation of Strategic Decisions [J]. International Journal of Business, 2001, 6 (1): 53-84.

[271] Oh, W. Y., Barker, V. L. I. Not All Ties are Equal: CEO Outside Directorships and Strategic Imitation in R&D Investment [J]. Journal of Management, 2015, 44 (4): 1312-1337.

[272] Okhmatovskiy, I. Performance Implications of Ties to the Government and SOEs: A Political Embeddedness Perspective [J]. Journal of Management Studies, 2010, 47 (6): 1020-1047.

[273] Oliver, C. Strategic Responses to Institutional Processes [J]. Academy of Management Review, 1991, 16 (1): 145-179.

[274] Opper, S., Nee, V., Holm, H. J. Risk Aversion and Guanxi Activities: A Behavioral Analysis of CEOs in China [J]. Academy of Management Journal, 2017, 60 (4): 1504-1530.

[275] Owen-Smith, J., Powell, W. W. Knowledge Networks as Channels and Conduits: The Effects of Spillovers in the Boston Biotechnology Community [J]. Organization Science, 2004, 15 (1): 5-21.

[276] Ozmel, U., Reuer, J. J., Gulati, R. Signals across Multiple Networks: How Venture Capital and Alliance Networks Affect Interorganizational Collaboration [J]. Academy of Management Journal, 2013, 56 (3): 852-866.

[277] Palmer, D. A., Jennings, P. D., Zhou, X. Late Adoption of

the Multidivisional Form by Large US Corporations: Institutional, Political, and Economic Accounts [J]. Administrative Science Quarterly, 1993, 38 (1): 100-131.

[278] Parise, S., Casher, A. Alliance Portfolios: Designing and Managing Your Network of Business-partner Relationships [J]. Academy of Management Executive, 2003, 17 (4): 25-39.

[279] Pellegrini, M. M., Ciampi, F., Marzi, G., Orlando, B. The Relationship between Knowledge Management and Leadership: Mapping the Field and Providing Future Research Avenues [J]. Journal of Knowledge Management, 2020, 24 (6): 1445-1492.

[280] Peng, M. W., Luo, Y. Managerial Ties and Firm Performance in a Transition Economy: The Nature of a Micro-macro Link [J]. Academy of Management Journal, 2000, 43 (3): 486-501.

[281] Peng, M. W., Heath, P. S. The Growth of the Firm in Planned Economies in Transition: Institutions, Organizations, and Strategic Choice [J]. Academy of Management Review, 1996, 21 (2): 492-528.

[282] Perdices, M. Null Hypothesis Significance Testing, P-values, Effects Sizes and Confidence Intervals [J]. Brain Impairment, 2018, 19 (1): 70-80.

[283] Pérez-Lopez, J. M., Montes Peon, C. J., Vazquez Ordas, J. C. Managing Knowledge: The Link between Culture and Organizational Learning [J]. Journal of Knowledge Management, 2004, 8 (6): 93-104.

[284] Perrewé, P. L., Zellars, K. L., Ferris, G. R., Rossi, A. M., Kacmar, C. J., Liu, Y., Zinko, R., Hochwarter, W. A. Political Skill: An Antidote in the Role Overload-strain Relationship [J]. Journal of Occupational Health Psychology, 2005, 10 (3): 239-250.

[285] Perry-Smith, J. E. , Shalley, C. E. The Social Side of Creativity: A Static and Dynamic Social Network Perspective [J]. Academy of Management Review, 2003, 28 (1): 89-106.

[286] Persons, O. S. Corporate Governance and Non-financial Reporting Fraud [J]. The Journal of Business and Economic Studies, 2006, 12 (1): 27.

[287] Pfarrer, M. D. , Smith, K. G. , Bartol, K. M. , Khanin, D. M. , Zhang, X. Coming Forward: The Effects of Social and Regulatory Forces on the Voluntary Restatement of Earnings Subsequent to Wrongdoing [J]. Organization Science, 2008, 19 (3): 386-403.

[288] Pfeffer, J. , Salancik, G. The External Control of Organizations [M], New York: Harper and Row, 1978.

[289] Phelps, C. C. A Longitudinal Study of the Influence of Alliance Network Structure and Composition on Firm Exploratory Innovation [J]. Academy of Management Journal, 2010, 53 (4): 890-913.

[290] Phelps, C. , Heidl, R. , Wadhwa, A. Knowledge, Networks, and Knowledge Networks: A Review and Research Agenda [J]. Journal of Management, 2012, 38 (4): 1115-1166.

[291] Phillips, D. J. , Zuckerman, E. W. Middle-status Conformity: Theoretical Restatement and Empirical Demonstration in Two Markets [J]. American Journal of Sociology, 2001, 107 (2): 379-429.

[292] Piccinelli, M. , Wilkinson, G. Gender Differences in Depression: Critical Review [J]. The British Journal of Psychiatry, 2000, 177 (6): 486-492.

[293] Platt, J. , Keyes, K. M. , Koenen, K. C. Size of the Social Network Versus Quality of Social Support: Whichis More Protective against PTSD? [J] Social Psychiatry and Psychiatric Epidemiology, 2014, 49: 1279-1286.

[294] Podolny, J. M. A Status-based Model of Market Competition [J].

American Journal of Sociology, 1993, 98 (4): 829-872.

[295] Podolny, J. M. Market Uncertaintyand the Social Character of Economic Exchange [J]. Administrative Science Quarterly, 1994, 39 (3): 458-483.

[296] Podolny, J. M. Networks as the Pipes and Prisms of the Market [J]. American Journal of Sociology, 2001, 107 (1): 33-60.

[297] Podolny, J. M. Status Signals: A Sociological Theory of Market Competition [M]. Princeton University Press, 2005.

[298] Podolny, J. M., Page, K. L. Network Forms of Organization [J]. Review of Sociology, 1998, 24 (1): 57-76.

[299] Powell, W. W., Koput, K. W., Smith-Doerr, L. Interorganizational Collaboration and the Locus of Innovation: Networks of Learning in Biotechnology [J]. Administrative Science Quarterly, 1996, 41 (4): 116-145.

[300] Pontikes, E., Negro, G., Rao, H. Stained Red: A Study of Stigma by Association to Blacklisted Artists during the "Red Scare" in Hollywood, 1945 to 1960 [J]. American Sociological Review, 2010, 75 (3): 456-478.

[301] Powell, W. W., White, D. R., Koput, K. W., Owen-Smith, J. Network Dynamics and Field Evolution: The Growth of Interorganizational Collaboration in the Life Sciences [J]. American Journal of Sociology, 2005, 110 (4): 1132-1205.

[302] Prabhu, J. C., Chandy, R. K., Ellis, M. E. The Impact of Acquisitions on Innovation: Poison Pill, Placebo, or Tonic? [J]. Journal of Marketing, 2005, 69 (1): 114-130.

[303] Pregibon, D. Goodness of Link Tests for Generalized Linear Models [J]. Applied Statistics, 1980, 29 (1): 15-24.

［304］Press, S. J., Wilson, S. Choosing between Logistic Regression and Discriminant Analysis ［J］. Journal of the American Statistical Association, 1978, 73 (364): 699-705.

［305］Priesemuth, M., Schminke, M., Ambrose, M. L., Folger, R. Abusive Supervision Climate: A Multiple-mediation Model of Its Impact on Group Outcomes ［J］. Academy of Management Journal, 2014, 57 (5): 1513-1534.

［306］Qian, C., Lu, L. Y., Yu, Y. Financial Analyst Coverage and Corporate Social Performance: Evidence from Natural Experiments ［J］. Strategic Management Journal, 2019, 40 (13): 2271-2286.

［307］Ralston, D. A., Terpstra-Tong, J., Terpstra, R. H., Wang, X., Egri, C. Today's State-owned Enterprises of China: Are They Dying Dinosaurs or Dynamic Dynamos? ［J］ Strategic Management Journal, 2006, 27 (9): 825-843.

［308］Rhee, M., Haunschild, P. R. The Liability of Good Reputation: A Study of Product Recalls in the US Automobile Industry ［J］. Organization Science, 2006, 17 (1): 101-117.

［309］Rindfleisch, A., Moorman, C. The Acquisition and Utilization of Information in New Product Alliances: A Strength-of-ties Perspective ［J］. Journal of Marketing, 2001, 65 (2): 1-18.

［310］Rogers, E. M. Diffusion of Innovations, Free Press ［M］, New York, NY, 1995.

［311］Rönkkö, M., Aalto, E., Tenhunen, H., Aguirre-Urreta, M. I. Eight Simple Guidelines for Improved Understanding of Transformations and Nonlinear Effects ［J］. Organizational Research Methods, 2022, 25 (1): 48-87.

［312］Rothwell, R. External Networking and Innovation in Small and

Medium-sized Manufacturing Firms in Europe [J]. Technovation, 1991, 11 (2): 93-112.

[313] Rothaermel, F. T., Deeds, D. L. Exploration and Exploitation Alliances in Biotechnology: A System of New Product Development [J]. Strategic Management Journal, 2004, 25 (3): 201-221.

[314] Ruigrok, W., Peck, S. I., Keller, H. Board Characteristics and Involvement in Strategic Decision Making: Evidence from Swiss Companies [J]. Journal of management Studies, 2006, 43 (5): 1201-1226.

[315] Qian, C., Wang, H., Geng, X., Yu, Y. Rent Appropriation of Knowledge-based Assets and Firm Performance when Institutions Are Weak: A Study of Chinese publicly Listed Firms [J]. Strategic Management Journal, 2017, 38 (4): 892-911.

[316] Ren, B., Au, K. Y., Birtch, T. A. China's Business Network Structure during Institutional Transitions [J]. Asia Pacific Journal of Management, 2009, 26 (2): 219-240.

[317] Rhee, M., Haunschild, P. R. The Liability of Good Reputation: A Study of Product Recalls in the U. S. Automobile Industry [J]. Organization Science, 2006, 17 (1): 101-117.

[318] Sammarra, A., Biggiero, L. Heterogeneity and Specificity of Inter-firm Knowledge Flows in Innovation Networks [J]. Journal of Management Studies, 2008, 45 (4): 800-829.

[319] Sampson, R. C. R&D Alliances and Firm Performance: The Impact of Technological Diversity and Alliance Organization on Innovation [J]. Academy of Management Journal, 2007, 50 (2): 364-386.

[320] Sauerwald, S., Lin, Z., Peng, M. W. Board Social Capital and Excess CEO Returns [J]. Strategic Management Journal, 2016, 37 (3): 498-520.

[321] Sawrikar, P., Katz, I. The Treatment Needs of Victims/Survivors of Child Sexual Abuse (CSA) from Ethnic Minority Communities: A Literature Review and Suggestions for Practice [J]. Children and Youth Services Review, 2017, 79: 166-179.

[322] Schepker, D. J., Barker III, V. L. How Stigmatized Are Dismissed Chief Executives? The Role of Character Questioning Causal Accounts and Executive Capital in Dismissed CEO Reemployment [J]. Strategic Management Journal, 2018, 39 (9): 2566-2586.

[323] Schilling, M. A. A "Small-world" Network Model of Cognitive Insight [J]. Creativity Research Journal, 2005, 17 (2-3): 131-154.

[324] Schilling, M. A., Phelps, C. C. Interfirm Collaboration Networks: The Impact of Large-scale Network Structure on Firm Innovation [J]. Management Science, 2007, 53 (7): 1113-1126.

[325] Schulte, M., Cohen, N. A., Klein, K. J. The Coevolution of Network Ties and Perceptions of Team Psychological Safety [J]. Organization Science, 2012, 23 (2): 564-581.

[326] Shen, R., Tang, Y., Chen, G. When the Role Fits: How Firm Status Differentials Affect Corporate Takeovers [J]. Strategic Management Journal, 2014, 35 (13): 2012-2030.

[327] Sheng, S., Zhou, K. Z., Li, J. J. The Effects of Business and Political Ties on Firm Performance: Evidence from China [J]. Journal of Marketing, 2011, 75 (1): 1-15.

[328] Shi, W., Sun, S. L., Peng, M. W. Sub-national Institutional Contingencies, Network Positions, and IJV Partner Selection [J]. Journal of Management Studies, 2012, 49 (7): 1221-1245.

[329] Shipilov, A. V., Greve, H. R., Rowley, T. J. When Do Inter-

locks Matter? Institutional Logics and the Diffusion of Multiple Corporate Governance Practices [J]. Academy of Management Journal, 2010, 53 (4): 846-864.

[330] Shipilov, A. V., Li, S. X. Can You Have Your Cake and Eat It Too? Structural Holes' Influence on Status Accumulation and Market Performance in Collaborative Networks [J]. Administrative Science Quarterly, 2008, 53 (1): 73-108.

[331] Siegel, J. Contingent Political Capital and International Alliances: Evidence from South Korea [J]. Administrative Science Quarterly, 2007, 52 (4): 621-666.

[332] Siegel, P. A., Hambrick, D. C. Pay Disparities within Top Management Groups: Evidence of Harmful Effects on Performance of High-technology Firms [J]. Organization Science, 2005, 16 (3): 259-274.

[333] Simon, H. A. Bounded Rationality and Organizational Learning [J]. Organization Science, 1991, 2 (1): 125-134.

[334] Singh, A. A. Helping South Asian Immigrant Women Use Resilience Strategies in Healing from Sexual Abuse: A Call for a Culturally Relevant Model [J]. Women and Therapy, 2009, 32 (4): 361-376.

[335] Singh, J. Collaborative Networks as Determinants of Knowledge Diffusion Patterns [J]. Management Science, 2005, 51 (5): 756-770.

[336] Shropshire, C. The Role of the Interlocking Director and Board Receptivity in the Diffusion of Practices [J]. Academy of Management Review, 2010, 35 (2): 246-264.

[337] Somer, E., Keinan, G., Carmil, D. Psychological Adaptation of Anxiety Disorder Patients Following Repeated Exposure to Emergency Situations [J]. Journal of Traumatic Stress, 1996, 9 (2): 207-221.

[338] Srinivasan, R., Wuyts, S., Mallapragada, G. Corporate Board Interlocks and New Product Introductions [J]. Journal of Marketing, 2018, 82 (1): 132-148.

[339] Stam, W., Elfring, T. Entrepreneurial Orientation and New Venture Performance: the Moderating Role of Intra and Extraindustry Social Capital [J]. Academy of Management Journal, 2008, 51 (1): 97-111.

[340] Staw, B. M., Sandelands, L. E., Dutton, J. E. Threat Rigidity Effects in Organizational Behavior: A Multilevel Analysis [J]. Administrative Science Quarterly, 1981, 26 (4): 501-524.

[341] Strang, D., Soule, S. A. Diffusion in Organizations and Social Movements: from Hybrid Corn to Poison Pills [J]. Annual Review of Sociology, 1998, 24 (1): 265-290.

[342] Sun, P., Hu, H. W., Hillman, A. J. The Dark Side of Board Political Capital: Enabling Blockholder Rent Appropriation [J]. Academy of Management Journal, 2016, 59 (5): 1801-1822.

[343] Sun, P., Mellahi, K., Thun, E. The Dynamic Value of MNE Political Embeddedness: The Case of the Chinese Automobile Industry [J]. Journal of International Business Studies, 2010, 41: 1161-1182.

[344] Sunder, J., Sunder, S. V., Zhang, J. Pilot CEOs and Corporate Innovation [J]. Journal of Financial Economics, 2017, 123 (1): 209-224.

[345] Sutton, R. I., Hargadon, A. 1996. Brainstorming Groups in Context: Effectiveness in a Product Design Firm [J]. Administrative Science Quarterly, 1996 41 (4): 685-718.

[346] Sytch, M., Tatarynowicz, A. Exploring the Locus of Invention: the Dynamics of Network Communities and Firms' Invention Productivity [J]. Academy of Management Journal, 2014, 57 (1): 249-279.

［347］Tang, Y., Li, J., Yang, H. What I See, What I Do: How Executive Hubris Affects Firm Innovation［J］. Journal of Management, 2015, 41（6）: 1698-1723.

［348］Tang, Y., Mack, D. Z., Chen, G. The Differential Effects of CEO Narcissism and Hubris on Corporate Social Responsibility［J］. Strategic Management Journal, 2018, 39（5）: 1370-1387.

［349］Thienkrua, W., Cardozo, B. L., Chakkraband, M. S., Guadamuz, T. E., Pengjuntr, W., Tantipiwatanaskul, P., Tappero, J. W. Symptoms of Posttraumatic Stress Disorder and Depression among Children in Tsunami-affected Areas in Southern Thailand［J］. Jama, 2006, 296（5）: 549-559.

［350］Thoits, P. A. Stress, Coping, and Social Support Processes: Where Are We? What Next?［J］Journal of Health and Social Behavior, 1995: 53-79.

［351］Thompson J. Organizations in Action［M］. McGrawHill: New York, 1967.

［352］Thornhill, S., Amit, R. Learning About Failure: Bankruptcy, Firm Age, and the Resource-based View［J］. Organization Science, 2003, 14（5）: 497-509.

［353］Tian, L., Caleb, H. T., Xiang, X., Li, Y., Pan, Y. 2021. Social Movements and International Business Activities of Firms［J］. Journal of International Business Studies, 2021, 52（6）: 1200-1214.

［354］Tihanyi, L., Aguilera, R. V., Heugens, P. P., Van Essen, M., Sauerwald, S., Duran, P., Turturea, R. State Ownership and Political Connections［J］. Journal of Management, 2019, 45（6）: 2293-2321.

［355］Tong, L., Wang, H., Xia, J. Stakeholder Preservation or Appropriation? The Influence of Target CSR on Market Reactions to Acquisition

Announcements [J]. Academy of Management Journal, 2020, 63 (5): 1535-1560.

[356] Tsai, W. Knowledge Transfer in Intraorganizational Networks: Effects of Network Position and Absorptive Capacity on Business Unit Innovation and Performance [J]. Academy of Management Journal, 2001, 44 (5): 996-1004.

[357] Tsai, W., Ghoshal, S. Social Capital and Value Creation: The Role of Intrafirm Networks [J]. Academy of Management Journal, 1998, 41 (4): 464-476.

[358] Tuschke, A., Sanders, W. G., Hernandez, E. Whose Experience Matters in the Boardroom? The Effects of Experiential and Vicarious Learning on Emerging Market Entry [J]. Strategic Management Journal, 2014, 35 (3): 398-418.

[359] Useem, M. The Inner Circle: Large Corporations and the Rise of Business Political Activity [M]. Oxford University Press, New York, NY, 1984.

[360] Uotila, J., Maula, M., Keil, T., Zahra, S. A. Exploration, Exploitation, and Financial Performance: Analysis of S&P 500 Corporations [J]. Strategic Management Journal, 2009, 30 (2): 221-231.

[361] Uzzi, B. The Sources and Consequences of Embeddedness for the Economic Performance of Organizations: The Network Effect [J]. American Sociological Review), 1996, 61 (4): 674-698.

[362] Vance, C. Marginal Effects and Significance Testing with Heckman's Sample Selection Model: A Methodological Note [J]. Applied Economics Letters, 2009, 16 (14): 1415-1419.

[363] Vasudeva, G., Zaheer A., Hernandez, E. The Embeddedness of Network Institutions, Structural Holes, and Innovativeness in the Fuel Cell

Industry [J]. Organization Science, 2013, 24 (3): 645-663.

[364] Villadsen, A. R., Wulff, J. N. Statistical Myths about Log-transformed Dependent Variables and how to better Estimate Exponential Models [J]. British Journal of Management, 2021, 32 (3): 779-796.

[365] Vogel, R. M., Bolino, M. C. Recurring Nightmares and Silver Linings: Understanding how Past Abusive Supervision May Lead to Posttraumatic Stress and Posttraumatic Growth [J]. Academy of Management Review, 2020, 45 (3): 549-569.

[366] Wadhwa, A., Kotha, S. Knowledge Creation through External Venturing: Evidence from the Telecommunications Equipment Manufacturing Industry [J]. Academy of Management Journal, 2006, 49 (4): 819-835.

[367] Wang, C., Hong, J., Kafouros, M., Wright, M. Exploring the Role of Government Involvement in Outward FDI from Emerging Economies [J]. Journal of International Business Studies, 2012, 43: 655-676.

[368] Wang, R., Wijen, F., Heugens, P. P. Government's Green Grip, Multifaceted State Influence on Corporate Environmental Actions in China [J]. Strategic Management Journal, 2018, 39 (2): 403-428.

[369] Wang, Q., Wong, T. J., Xia, L. State Ownership, the Institutional Environment, and Auditor Choice: Evidence from China [J]. Journal of Accounting and Economics, 2008, 46 (1): 112-134.

[370] Wang, H., Zhao, J., Li, Y., Li, C. Network Centrality, Organizational Innovation, and Performance: A Meta-analysis [J]. Canadian Journal of Administrative Sciences, 2015, 32 (3): 146-159.

[371] Washington, M., Ventresca, M. J. How Organizations Change: The Role of Institutional Support Mechanisms in the Incorporation of Higher Education Visibility Strategies, 1874-1995 [J]. Organization Science, 2004,

15（1）：82-97.

［372］Washington, M., Zajac, E. J. Status Evolution and Competition: Theory and Evidence [J]. Academy of Management Journal, 2005, 48（2）: 282-296.

［373］Weigelin-Schwiedrzik, S. Trauma and Memory: The Case of the Great Famine in the People's Republic of China（1959-1961）[J]. Historiography East and West, 2003, 1, 39-67.

［374］Wiersema, M. F., Bantel, K. A. Top Management Team Demography and Corporate Strategic Change [J]. Academy of Management Journal, 1992, 35（1）: 91-121.

［375］Wiesenfeld, B. M., Wurthmann, K. A., Hambrick, D. C. The Stigmatization and Devaluation of Elites Associated with Corporate Failures: A Process Model [J]. Academy of Management Review, 2008, 33（1）: 231-251.

［376］Wiklund, J., Hatak, I., Lerner, D. A., Verheul, I., Thurik, R., Antshel, K. Entrepreneurship, Clinical Psychology, and Mental Health: An Exciting and Promising New Field of Research [J]. Academy of Management Perspectives, 2020, 34（2）: 291-295.

［377］Withey, S. B. Reaction in Uncertain Threat. In George W. Bakerand Dwight W. Chapman（eds.）, Man and Society in Disaster: 93-123 [M]. New York: Basic Books, 1962.

［378］Wooldridge, J. M. Econometric Analysis of Cross Section and Panel Data [M]. Cambridge, MA: The MIT Press, 2002.

［379］Wooldridge, J. M. Control Function Methods in Applied Econometrics [J]. Journal of Human Resources, 2015, 50（2）: 420-445.

［380］Wu, W. P. Dimensions of Social Capital and Firm Competitiveness Improvement: the Mediating Role of Information Sharing [J]. Journal of Management Studies, 2008, 45 (1): 122-146.

[381] Wu, J., Shanley, M. T. Knowledge Stock, Exploration, and Innovation: Research on the United States Electromedical Device Industry [J]. Journal of Business Research, 2009, 62 (4): 474-483.

[382] Wu, W., Wu, C., Rui, O. M. Ownership and the Value of Political Connections: Evidence from China [J]. European Financial Management, 2012, 18 (4): 695-729.

[383] Xiao, Z., Tsui, A. S. When Brokers May Not Work: The Cultural Contingency of Social Capital in Chinese High-tech Firms [J]. Administrative Science Quarterly, 2007, 52 (1): 1-31.

[384] Xu, D., Lu, J. W., Gu, Q. Organizational Forms and Multi-population Dynamics: Economic Transition in China [J]. Administrative Science quarterly, 2014, 59 (3): 517-547.

[385] Yan, J. Z., Chang, S. J. The Contingent Effects of Political Strategies on Firm Performance: A Political Network Perspective [J]. Strategic Management Journal, 2018, 39 (8): 2152-2177.

[386] Yang, H., Lin, Z., Peng, M. W. Behind Acquisitions of Alliance Partners: Exploratory Learning and Network Embeddedness [J]. Academy of Management Journal, 2011, 54 (5): 1069-1080.

[387] Yi, S., Knudsen, T., Becker, M. C. Inertia in Routines: A Hidden Source of Organizational Variation [J]. Organization Science, 2016, 27 (3): 782-800.

[388] Yiu, D. W., Xu, Y., Wan, W. P. The Deterrence Effects of Vicarious Punishments on Corporate Financial Fraud [J]. Organization Science, 2014, 25 (5): 1549-1571.

[389] Yiu, D. W., Wan, W. P., Xu, Y. Alternative Governance and

Corporate Financial Fraud in Transition Economies: Evidence from China [J]. Journal of Management, 2018, 45 (7): 2685-2720.

[390] Yu, W., Minniti, M., Nason, R. Underperformance Duration and Innovative Search: Evidence from the High-tech Manufacturing Industry [J]. Strategic Management Journal, 2019, 40 (5): 836-861.

[391] Yule, W., Perrin, S., Smith, P. Post-traumatic Stress Disorders in Children and Adolescents. In W. Yule (Ed.), Posttraumatic Stress Disorders: Concepts and Therapy [M]. Chichester, UK: Wiley, 1999: 25-50.

[392] Zahra, S. A., Priem, R. L., Rasheed, A. A. The Antecedents and Consequences of Top Management Fraud [J]. Journal of Management, 2005, 31 (6): 803-828.

[393] Zajac, E. J., Westphal, J. D. Director Reputation, CEO-board Power, and the Dynamics of Board Interlocks [J]. Administrative Science Quarterly, 1996, 41 (3): 507-529.

[394] Zelner, B. A. Using Simulation to Interpret Results from Logit, Probit, and Other Nonlinear Models [J]. Strategic Management Journal, 2009, 30 (12): 1335-1348.

[395] Zhang, J. Facilitating Exploration Alliances in Multiple Dimensions: The Influences of Firm Technological Knowledge Breadth [J]. R&D Management, 2016, 46 (1): 159-173.

[396] Zhang, J., Baden-Fuller, C. The Influence of Technological Knowledge Base and Organizational Structure on Technology Collaboration [J]. Journal of Management Studies, 2010, 47 (4): 679-704.

[397] Zhang, J., Marquis, C., Qiao, K. Do Political Connections Buffer Firms from or Bind Firms to the Government? A Study of Corporate Charitable Donations of Chinese Firms [J]. Organization Science, 2016, 27

(5): 1307-1324.

[398] Zhang, Y., Qu, H. The Impact of CEO Succession with Gender Change on Firm Performance and Successor early Departure: Evidence from China's publicly Listed Companies in 1997 - 2010 [J]. Academy of Management Journal, 2016, 59 (5): 1845-1868.

[399] Zhao, H., Zou, S. The Impact of Industry Concentration and Firm Location on Export Propensity and Intensity: An Empirical Analysis of Chinese Manufacturing Firms [J]. Journal of International Marketing, 2002, 10 (1): 52-71.

[400] Zheng, W., Ni, N., Crilly, D. Non-profit Organizations as a Nexus between Government and Business: Evidence from Chinese Charities [J]. Strategic Management Journal, 2019, 40 (4): 658-684.

[401] Zhou, K. Z., Li, C. B. How Knowledge Affects Radical Innovation: Knowledge Base, Market Knowledge Acquisition, and Internal Knowledge Sharing [J]. Strategic Management Journal, 2012, 33 (9): 1090-1102.